П	п	П	п	𝒫	п
Р	р	Р	р	𝒫	р
С	с	С	с	𝒞	с
Т	т	Т	т	𝒯	т
У	у	У	у	𝒰	у
Ф	ф	Ф	ф	𝒻	ф
Х	х	Х	х	𝒳	х
Ц	ц	Ц	ц	𝒞	ц
Ч	ч	Ч	ч	𝒞	ч
Ш	ш	Ш	ш	𝒲	ш
Щ	щ	Щ	щ	𝒲	щ
Ъ	ъ	Ъ	ъ		ъ
Ы	ы	Ы	ы		ы
Ь	ь	Ь	ь		ь
Э	э	Э	э	𝒠	э
Ю	ю	Ю	ю	𝒴	ю
Я	я	Я	я	𝒴	я

新版
一冊目の
ロシア語
РУССКИЙ ЯЗЫК

中澤英彦

東洋書店新社

はじめに

「ドストエフスキーも読みたいし、ロシア人とデートもしたい。活きたロシア語を学びたい」という方むけに書かれたのが本書です。本書は教師の自己満足をすて、すべてを学ぶ人のために、という方針に貫かれています。そのため、たとえば、類書とは異なり、時に学習の妨げになる従来の用語、つまりほぼロシア語の直訳そのままを、学び易くかつ世界一般に通用しているものに変えました。

もとより外国語を習得するのは容易なことではありませんが、必要最小限の努力ですむよう配慮しました。本書で、ロシア語の本質をしっかり身につけ、将来の発展の確かな基礎力を養えるものと信じております。

21世紀の今日、IT技術などの発展で時代は一変しました。この新時代にふさわしい文例、単語をふんだんに取り込み、今を生きる日本人とロシア人が本音を語りあう手助けをするのが本書です。

その他の特長は次のとおりです。

- ロシア語の「エッセンス」が反復練習できます
- 練習問題が充実しています
- 「会話」「練習」を通して発信型の学習を目指しています
- 文法で迷子にならないよう「文法のコツ」の解説や工夫がしてあります
- 最新のロシア語情報をふんだんに盛り込んであります

ロシアは地球最大の国です。魅力も不思議も地球最大です。こんな国の言葉をあせって学ぶのはふさわしくありません。細部にこだわらず、

おおらかな気持ちで何回も本書を読んでください。コラム・会話をとおしてロシア人の人となりを感じるようになればもうしめたものです。

くしくも本年は日本におけるロシア文化年です。本書を学んだ方が現代のロシア人とそして過去に生きたトルストイやドストエフスキー、ムソルグスキーやチャイコフスキーなどと心を通わせられるようになれば著者としてこれに勝る喜びはありません。

最後に、原稿を校閲してくださったV. コニャーヒン氏、宜壽次彩(ぎすじ)氏、絶えず筆者を激励してくださった東洋書店の小沼利英氏、堀江耕氏、貴重な写真を快く提供してくださった堀田雄大氏、大澤拓氏、岡田譲氏に記して感謝いたします。

　　　2006年4月　　　　　　　　　　　　　　　　　　著　者

新版発行にあたって

　本書は、2010年に東洋書店から刊行され、版元の廃業に伴い入手困難になった『一冊目のロシア語［改訂版］』を装いを新たに復刊するものです。

　内容は『一冊目のロシア語［改訂版］』を引き継いでおり、2006年発行の初版からは以下の点で改訂がなされています。

- ・解説はより簡潔で初学者にわかりやすくなっています
- ・練習問題の質は落とさず量を減らし、解きやすくなっています
- ・学習を助ける表を増やし、IT情報等を新規に加えました
- ・索引を大幅に増補し充実させました

　　　2016年3月　　　　　　　　　　　　　　　　　　著　者

本書の構成および使い方

　ロシア語の「エッセンス」を初学者が理解しやすいように編まれています。そのため、ポイントはしつこいまでに反復されます。ただし、特殊な変化は付録の変化表を参照して自然に覚えるという方式をとっています。存分に付録を活用しましょう。

基礎編（第1課〜第5課）
　テキスト部分のロシア文字にはすべてルビが振ってあります。文字の読みを体得してください。第5課までにロシア語文法の基礎が築かれます。あせらずに何度も反復して学習を進めましょう。

会話力養成編（第6課〜第10課）
　基礎的会話力、文法がしっかり築かれます。

会話力＋文章力養成編（第11課〜第20課）
　会話力の一段のレベルアップと文章力の涵養が図られます。

付　録
　【発展】の部分は自信のある方がトライする項目です。【飛躍】はより高度なレベルを目指す方のためです。初めて学ぶ方は2、3回本書を読んだ後で挑戦しましょう。
　巻末に変化表（名詞、形容詞、代名詞、動詞）、索引があります。適宜参照してください。

各課の学び方

最初に🆑でテキスト文を何度も聞きましょう。次に訳を見てまた何度も聞きましょう。文の冒頭を聞いたら文全体が自然に口をついて出てくるまで聞くのが理想的です。次に新出単語を参照しながら文法解説を読み、例文を吟味し、「ミニ会話」、「練習」へと進みます。

練習問題

類書に比べて練習問題が多すぎるほどですが、体で覚えるにはこれでもまだ足りません。露文和訳を解答欄の和訳を利用して露訳練習にしたり、問題文の単語を入れ替えて何度も口に出しながら練習しましょう。

🆑

文中に🆑とある部分が録音されています。🆑の頭出し番号はマークの後ろの数字になります（🆑 12→トラック12）。5課までのテキスト部分は、意識的にゆっくり発音したものと通常のスピードのものの2通りが収録されています（トラック番号が2つついています）。6課以降は通常のスピードになっています。

記号及び略語一覧

[　]　術語の直後では旧来の文法用語、別称（具格［造格］）/ ＜原形、派生元/ ＋は新出単語欄では、従える格を示す。
[述] 述語、無人称述語/[副] 副詞/ [疑] 疑問詞/ [接] 接続詞/《前》前置詞/ [完] 完了体/ [挿] 挿入語/ [不変] 不変化/ [複] 複数形/ [男] [女] [中] (それぞれ) 男性、女性、中性/ [比] 比較級/ [短] 形容詞短語尾形/ ＋主あるいは＋[主] 主格を示す。以下同様/ [属] 属格/ [与] 与格/ [対] 対格/ [具] 具格/ [前] 前置詞格

目　次

はじめに
本書の構成および使い方

文字と発音 ··· 12
УРОК №1 ·· 24
　　§1　断定文 ·· 25
　　§2　疑問詞のない疑問文 ································ 26
　　§3　Да と Нет ·· 26
　　§4　疑問詞のある疑問文 ································ 27

УРОК №2 ·· 30
　　§1　人称代名詞 ·· 31
　　§2　存在、所在 ·· 32
　　§3　а「一方〜は」「で、ところで」·············· 32
　　§4　指示、強調 вот ··· 33

УРОК №3 ·· 36
　　§1　対照表 ·· 38
　　§2　名詞の性 ·· 38
　　§3　指示形容詞［代名詞］этот, тот ············· 39
　　§4　不定詞と動詞の過去形 ···························· 40

УРОК №4 ·· 45
　　§1　мо́жно と нельзя́ ·· 47
　　§2　前置詞格と場所の表現 ···························· 47
　　§3　я, вы の現在形 ··· 48
　　§4　間接疑問文 ·· 49
　　§5　「А も Б も」·· 49
　　§6　疑問詞と語順 ·· 49

семь　7

目次

УРОК №5 — 53
- §1　現在形(1) e 変化動詞 — 55
- §2　весь「全体の、すべての」 — 55
- §3　名詞の複数形 — 56
- ♣気軽に変化のコツを — 60

УРОК №6 — 64
- §1　所有の表現 — 66
- §2　形容詞(1) нóвый と послéдний — 67
- §3　所有形容詞［所有代名詞］ — 68

УРОК №7 — 73
- §1　形容詞(2) 正書法適用型 — 75
- §2　名詞として用いられる形容詞 — 76
- §3　名詞・形容詞の対格(1) — 77
- §4　現在形(2) и 変化動詞 — 77
- §5　рýсский язы́к と по-рýсски — 78

УРОК №8 — 82
- §1　名詞対格(2) — 人・動物名詞と物・事名詞 — 84
- §2　形容詞の対格(2) — 85
- §3　時、時間を表わす対格、曜日 — 86
- §4　人称代名詞などの対格 — 87
- §5　現在形(3) 歯音変化 сидéть と хотéть — 87

УРОК №9 — 92
- §1　無人称文［非人称文］ — 94
- §2　動詞の体［アスペクト］(1) — 95
- §3　-ся 動詞 — 96
- §4　名詞格変化のポイント — 96

УРОК №10 — 102

- §1 未来形 — 104
- §2 第二前置詞格 — 105
- §3 代名詞、形容詞と кто, что の格変化(1) — 105
- §4 現在形(4) давáть 型 — 107
- §5 三人称複数文 — 107
- ♣変化のコツ─格変化と動詞の時制 — 111

УРОК №11 — 114

- §1 動詞の命令形 — 116
- §2 代名詞、形容詞（複数形）(2)と себя́ の変化 — 117
- §3 与格 — 118
- §4 与格の用法 — 119
- §5 現在形(5) мочь 型 — 119
- §6 現在形(6) 唇音変化型 люби́ть と нра́виться — 120

УРОК №12 — 125

- §1 移動動詞 — 127
- §2 定動詞と不定動詞 — 128
- §3 「行った」「行くところ」「これから行く」と идти́ の過去形 — 129

УРОК №13 — 135

- §1 現在形(7) чу́вствовать と есть — 137
- §2 具格 — 137
- §3 形容詞短語尾形─作り方 — 138
- §4 用法 — 140
- §5 病気の言い方 — 141

目次

УРОК №14 — 146
- §1 名詞の属格 … 148
- §2 人称代名詞と кто, что, этот の属格 … 148
- §3 属格の用法 … 149
- §4 勧誘の表現 … 150
- §5 до́лжен の用法 … 151

УРОК №15 — 156
- §1 個数詞と順序数詞　1から24まで … 158
- §2 名詞複数属格 … 159
- §3 数詞（数量詞）と名詞との結びつき方 … 160
- §4 時の表現(1) 時刻・時間の表現 … 161
- §5 時の表現(2) 一年月日、週 … 162
- ▲変化のコツ一名詞、形容詞の複数形 … 166

УРОК №16 — 172
- §1 名詞複数形の格変化 … 174
- §2 仮定法 … 174
- §3 形容詞原級 … 175
- §4 無人称文のまとめ … 176

УРОК №17 — 182
- §1 比較級 … 184
- §2 比較の対象 … 186
- §3 最上級 … 186
- §4 二人称単数文 … 187

УРОК №18 — 191
- §1 語形成—接頭辞＋移動動詞 … 193
- §2 接頭辞の意味 … 193

§3	接頭辞 по	194
§4	不定代名詞	194
§5	否定代名詞・副詞	195

УРОК №19 — 198

§1	関係代名詞 который	200
§2	関係代名詞 кто, что	201
§3	関係副詞 где, когда́	202
§4	что, кто などを含んだ表現	202

УРОК №20 — 208

§1	動詞の体［アスペクト］(2)	210
§2	体のペア	211
§3	体と時制	211
§4	動作の順番と同時動作	212
§5	受身の表現	212

ロシア語変化のエッセンス	217
練習の解答と解説	223
単語索引	238
事項索引	255

コラム

ロシア語の検索エンジン	46
ロシア人の名前	65
私のナホトカ	83
一冊の本	147
一片の黒パン	192

文字と発音

■アルファベット　Рýсский алфавит (Кирилица)　CD2

	文字	名称	発音	解説 （→は対応の有声字、無声字を表わす）
1	А а	アー	á	［ア］の音。
2	Б б	ベー	b	バ行の子音。→17番の п
3	В в	ヴェー	v	上の歯を下唇に軽く触れて出す［ヴ］の音で［w］に近い。→22番の ф
4	Г г	ゲー	g	ガ行の子音。→12番の к
5	Д д	デー	d	ダ行の子音。→20番の т
6	Е е	ィエー	jé	英語 yes の ye ［ィエ］の音。
7	Ё ё	ィオー	jó	［ィヨ］の音。
8	Ж ж	ジェー	ʒ	舌を奥に引き、そり舌気味にして出すこもった感じの［ジ］の音。→26番の ш
9	З з	ゼー	z	アザミのザの子音。舌先は歯茎につけない。→19番の с
10	И и	イー	í	［イ］とほぼ同じ音。
11	Й й	イークラートカヤ	j	舌の中ほどを［イ］より口蓋に近づけて出す、短いィ［j］の音。
12	К к	カー	k	カ行の子音。→4番の г
13	Л л	エール	l	英語の l に近い音。舌尖を立て l より強く舌を上の歯茎に押しつける。
14	М м	エーム	m	マ行の子音。口唇をしっかり閉じる。
15	Н н	エーヌ	n	ナ行の子音。舌先を歯茎につける。
16	О о	オー	ó	日本語より唇を丸めて突き出して発音する［オ］。［ウ］の音感がする。

文字と発音

17	П п	ペー	p	パ行の子音。→ 2番の б
18	Р р	エール	r	舌尖を立て気味にしてゆるめて歯茎、口蓋にふれさせる、巻き舌のラ行の子音。
19	С с	エース	s	サ行の子音。→ 9番の з
20	Т т	テー	t	タ行の子音。→ 5番の д
21	У у	ウー	ú	口笛を吹くように、唇を丸めて思いきり突き出して発音する [ウ]。
22	Ф ф	エーフ	f	下唇に上の歯を軽く触れて出す [フ]。→ 3番の в
23	Х х	ハー	x	[k] より舌を奥に引き口の奥で出す [フ]。
24	Ц ц	ツェー	ts	[ツ] の子音。
25	Ч ч	チェー	tʃʲ	舌をやや奥に引いて出す [チ] の音。
26	Ш ш	シャー	ʃ	舌を奥に引き、そらせて出す [シ] の音。→ 8番の ж
27	Щ щ	シシャー	ʃʲʃʲ	[シチャッタ] を速く、ぞんざいに言う [シャ] の音。
28	Ъ ъ	チヴョールドゥイズナーク		硬音記号。音をもたない。
29	Ы ы	ゥイー	ɨ̄	奥歯をかみ締めるようにして舌を奥に引き、唇を横にして出す [イ]。
30	Ь ь	ミヤーヒキーズナーク		['] 軟音記号。音をもたない。
31	Э э	エー	é	[エ] の音。
32	Ю ю	ィウー	jú	[ユ] の音。
33	Я я	ィアー	já	[ヤ] の音。

тринáдцать

文字と発音

　ロシア文字（キリール文字）はギリシャ文字をもとにした表音文字です。**全部で母音字10、子音字21、記号2個**です。

1．母音字

　文字 а ы у э о は母音 [a] [ɨ] [u] [e] [o] を表わし、この母音にそれぞれ [j] をつけた音を表わす文字 я и ю е ё と対応します。и [i] には [j] がついていませんが、便宜上 ы と и も対応と考えます。両方の母音グループは日本語の「あ」行と「や」行に関係が近く、そう呼ばれることもあります。ただし、日本語の「い」に近い音は и [i] です。

	アー	ゥイー	ウー	エー	オー
1)「あ行」母音	А а	Ы ы	У у	Э э	О о
発音	[á]	[ɨ́]	[ú]	[é]	[ó]
発音	[já]	[í]	[jú]	[jé]	[jó]
2)「や行」母音	Я я	И и	Ю ю	Е е	Ё ё
	ィアー	イー	ィウー	ィエー	ィオー

2．子音字

ロシア語の有声子音字と無声子音字

　子音字には「ぐーく」のように有声（声帯をふるわせる音≒濁音）子音字と無声（声帯をふるわせない音≒清音）子音字が対応するものと、しないものがあります。

　この区別は次のページの「読みのルール」であつかいます。

文字と発音

	有声子音と無声子音が対応	有声子音と無声子音が対応しない	
分類	第Ⅰ類	第Ⅱ類	第Ⅲ類
有声子音字	б в г д ж з	й л м н р	
無声子音字	п ф к т ш с		х ц ч щ

3．記号

記号ъとьは音を持ちません。これについては後でみます（→p19）。

4．英語の文字との対比

英語の文字とほぼ同形同音の文字：Aa, Oo, Кк, Мм, Тт：

　　例　Макото　まこと　　Томоко　とも子　　Комако　こま子
　　　　Катаока　片岡　　　кот　オス猫　　кто　誰
ほぼ字形が同じなのに異なる音を表わす文字：Вв [v]　Ее [jé]
　　　　　Нн [n]　Сс [s]　Уу [ú]　Хх [x]　と記号Ьь [ʼ]

■読みのルール

ロシア語は、ローマ字のように文字どおりに読むのが原則。でも例外もあります。これから語のアクセントと例外（読みのルール）をみましょう。

1．母音とアクセント［力点］　　　　　　　　　　　　CD3

アクセントは母音にあり単語ごとに定まった位置にあります。アクセントのある母音はないものより強く、はっきり、長く発音されます。アクセントのある母音を高い音程にするわけではありません。

なおアクセントの印（́）（̀）は教科書類のみに付されます。

マーマ	パーパ	ヴィーザ	ヴァータ	ヴァーザ	ポールト	スポールト
ма́ма	па́па	ви́за	ва́та	ва́за	порт	спорт
ママ	パパ	ビザ	綿、綿あめ	花びん	港	スポーツ

пятна́дцать　15

文字と発音

①アクセントのない「o」は「a」と同じに発音されます。

<small>ハラショー</small> <small>マスクヴァー</small> <small>アクノー</small> <small>ヴァダー</small>
Хорошо́!　　Москва́　　окно́　　вода́
素晴しい！　　モスクワ　　窓　　水

②アクセントのない「Я я ィアー」と「Е е ィエー」はほとんど「イ」に近い音で読まれます。

<small>ィダー</small> <small>ィポーニア</small> <small>ィポーニツ</small>
ед́а 食事　　Япо́ния 日本　　япо́нец 日本人
<small>ィポーンツゥイ</small> <small>ィポーンスキーィズゥイーク</small>
япо́нцы ［複］日本人　　япо́нский язы́к 　日本語

③母音は、一般にアクセントの位置から離れれば離れるほどあいまいに発音されます。ただし決して省かれません。

<small>リスタラーン</small>
рестора́н　е は「ィエ」というより、厳密には「エ」の音色のある「イ」の発音です。

2.「あ」行母音字と子音　　CD3

これから「あ」行母音字と子音＋「あ」行母音字の発音を聞きましょう。

「あ」行母音字　　А а　Ы ы　У у　Э э　О о　　色字部分の発音には注意
　　　　　　　　　[á]　　[ɨ]　　[ú]　　[é]　　[ó]

子音字（-は対応関係を示します）

1) Т т-Д д　Н н
　　[t]-[d]　[n]　да はい　да́та 日付　дом 家　до́ма 家で　дома́ ［複］家　мо́да モード　Дон ドン河　А́нна ［名前］アンナ

2) П п-Б б　М м
　　[p]-[b]　[m]　па́па パパ　поэ́т 詩人　табу́ タブー　бум ブーム　банк 銀行　бана́н バナナ

文字と発音

3) Р р Л л
   [r] [l]   дра́ма ドラマ　бра́т 兄弟　до́ктор お医者さん、博士　бар バー　парк 公園　но́рма ノルマ　порт 港　аэропо́рт 空港　ла́мпа 電灯　план 計画　луна́ 月

4) С с - З з
   [s]-[z]   сала́т サラダ　стоп ストップ　курс コース　спорт スポーツ　па́спорт パスポート　э́кспорт 輸出　сын 息子　нос 鼻　суп スープ　кио́ск 売店　ро́за バラ

5) К к - Г г   Х х
   [k]-[g] [x]   могу́ (私は) できる　мо́гут (彼らは) できる　гру́ппа グループ　грамм グラム　програ́мма 番組　э́хо こだま　хо́лодно 寒いです　прохла́дно 涼しいです

6) Ф ф - В в
   [f]-[v]   факс ファックス　факт 事実　фру́кты 果物　Аэрофло́т アエロフロート　фо̀тоаппара́т カメラ　вода́ 水　ва́за 花瓶　ваго́н 車両　вы あなたは　вас あなたを

7) Ж ж - Ш ш
   [ʒ]-[ʃ]   журна́л 雑誌　жар 熱　жа́рко 暑い　шанс チャンス　Ната́ша [人名] ナターシャ　ша́хматы チェス　шок ショック　ба́бушка おばあちゃん　шко́ла 学校

8) Ч ч
   [tʃ]   матч 試合　час 時間　ча́сто 度々　Камча́тка カムチャッカ　то́чка 点　то́чно 正確に

9) Щ щ
   [ʃʃ]   борщ ボルシチ　о́вощ 野菜　това́рищ 同僚　ча́ще より頻繁に

10) Ц ц
   [ts]   ца́рство 王国　огурцы́ キュウリ　отца́ 父の　отцы́

семна́дцать 17

文字と発音

[複] 父親たち　концá 終わりの　концы́ [複] 終わり

3．「や」行母音字と子音

「や」行母音字　Я я　И и　Ю ю　Е е　Ё ё
　　　　　　　　[já]　[í]　[jú]　[jé]　[jó]

-は「や」行(軟)母音字と「あ」行(硬)母音字の対応を示します。

Я-А　я 私　япóнка 日本人女性　я́блоко りんご　я́года イチゴ類　истóрия 歴史　фами́лия 姓

И-Ы　ми́нус マイナス　сигнáл 信号　фи́рма 会社　лифт エレベータ　ви́за ビザ　магази́н 店　такси́ タクシー　балери́на バレリーナ

Ю-У　ю́мор ユーモア　плюс プラス　сюдá こちらへ　Ю́ра [名前] ユーラ　бюрó 案内所

Е-Э　иéна 円　туалéт トイレ　проблéма 問題　университéт 大学　Еврóпа ヨーロッパ　теáтр 劇場　меню́ メニュー　телефóн 電話　телеви́зор テレビ　кóфе コーヒ　áдрес 住所　ресторáн レストラン

Ё-О　Пётр [名前] ピョートル　ещё まだ　ёлка クリスマスツリー　актёр 俳優　днём 昼間　ковёр じゅうたん

※Ёёの点々(¨)は教科書類で使用されます。Ёёにはふつうアクセントがありアクセント記号(´)は打ちません。

4．子音字の発音［子音の同化］

第Ⅱ類（→p15）の子音は下の規則④⑤とは無関係で、文字通り読まれます。：の右側に第Ⅱ類を参考に出します。

④語末の有声子音字は対応の無声子音として読まれます。cf. ぐ→く

ギート	クループ		チアートル	ストール
ги**д**	клу**б**	:	теáт**р**	сто**л**
ガイド	クラブ		劇場	テーブル

文字と発音

диало́г 対話　наро́д 民衆　вы́ход 出口　Пари́ж パリ　моро́з 厳寒

⑤有声子音字と無声子音字が並んだ場合、前の文字は後ろの有声・無声に合わせて読まれます。

|フ<u>ド</u>ボール|ビイ<u>ズ</u>ボール|ヴォー<u>ト</u>カ|ア<u>フ</u>トーブス|トリー|
|ту<u>д</u>бо́л|бе́й<u>с</u>бо́л|во́<u>д</u>ка|а<u>в</u>то́бус|<u>т</u>ри|

футбо́л　бейсбо́л　во́дка　авто́бус　：три
サッカー　　野球　　　ウオッカ　　バス　　3（数字）

※一続きに読まれる2語の場合も上の規則に従います。

　　　<u>フ</u>コームナトゥ　　　<u>ズ</u>ブラータム
　　　<u>в</u> ко́мнату　　　<u>с</u> бра́том　　（前置詞＋名詞）
　　　部屋の中へ　　　　兄弟と

※例外　в は直前の無声子音字を有声に変えません。

　　　マス<u>クヴ</u>ァー　　　ト<u>ヴ</u>ォーィ
　　　Мос<u>кв</u>а́　　　т<u>в</u>ой
　　　モスクワ　　　　君の

5．記号ъとь　　　　　　　　　　　　　　　　　　　　CD3

ъ と ь は前の子音字と後ろの母音字を区切ることを表わします。ь は区切る以外に、さらに前の子音字を「イ」の口の構えで読むことを表わします。

съесть　ス・ィエースチ　食べ切る　— сесть　シェースチ　坐る
семья́　シミ・ィアー　　家族　　　— се́мя　シェーミャ　種子

6．子音字　Й й [j]　　　　　　　　　　　　　　　　CD3

「[いー]だ」、とからかうときのように舌の中ほどを「い」よりも高く上げて短く発音します。母音の直後（まれには直前）にくる有声子音です。

ай　ый　уй　эй　ой　　яй　ий　юй　ей　ёй　：йо
　　чай （紅）茶　Байка́л バイカル　музе́й 博物館　мой 私の

文字と発音

твой 君の　йо́гу́рт ヨーグルト　йо́га ヨガ

7．硬音と軟音　　　　　　　　　　　　　　　　　CD3

ロシア語では、母音字も子音字も硬音と軟音のグループに分かれます。

軟音とは「い」[i]（[j]）のように、唇を横に引き、舌の中ほどを高めて発音する音で、それ以外の音を硬音と言います。

では、硬音と軟音はどのように表わされるでしょうか。

母音字

文字自体が硬音字と軟音字に分かれます。

硬母音字	А [á]	Ы [í]	У [ú]	Э [é]	О [ó]
軟母音字	Я [já]	И [í]	Ю [jú]	Е [jé]	Ё [jó]

子音字

子音字は後ろに①軟音記号 ь か②軟母音字がくる場合が軟子音です。軟子音は五十音表の「き、し、ち、に、ひ、み、り」を発音するときの要領で発音されます。発音記号では дь [d'] のように [']がつきます。

① ь：соль 塩　рубль ルーブル　гольф ゴルフ

② дя ди дю де дё [d'a d'i d'u d'e d'o]：

　дя́дя おじ　тётя おば　фильм 映画

　ブラート　　　ブラーチ　　　　ブィール　　　　ビール
　бра<u>т</u> 兄弟—бра<u>т</u>ь とる　　бы<u>л</u> いた—би<u>л</u> 打った

　　ムィーラ　　　　　ミーラ
　мы́ло 石けん—Ми́ла ミーラ（人名）

ただし、й [j] だけは単独で軟音を示します。

　　　　　　　　　мой 私の　твой 君の

①②と й（と下の чш）以外は硬子音です。

20　два́дцать

※例外　つねに硬音として発音される文字（ж ш:ц）と軟音になる文字（ч щ）

① ж, ш:ч, щ に ь がついても発音は変わりません。
　　ключ 鍵—ночь 夜　нож ナイフ—ложь うそ
　　дашь 与える—карандаш 鉛筆

② ж ш:ц の直後に来る軟母音字（и, е, ё）は対応の硬音（ы, э, о）として発音されます：центр 中心 はツェーントル
　　машина 車　шёлк 絹　станция 駅
　　ч щ はつねに軟音で、直後に硬母音字がきても発音は変わりません。
　　чай（紅）茶　час 時間

8．外来語　　　　　　　　　　　　　　　　　　CD3

外来語では、アクセントがない「о」が［о］と発音され、「е」が［э］と発音される語があります。

　　　　ラーヂオ　　　テーニス　　　カムピ・ユーテル
　　　　ра́дио　　　те́ннис　　　компью́тер
　　　　ラジオ　　　テニス　　　　コンピューター

9．文法への架け橋

これからの学習を容易にするポイントを紹介します。

1）語幹と語尾

語が変化する場合、変わらない部分を語幹、変わる部分を語尾と言います。変化する、しないにかかわらず語の末尾になる部分を語末と言います。

　　例　単数形　ма́м-а　ママ　　　　複数形　ма́м-ы
　　　　　　　　Та́н-я　ターニャ（女性名）　　　Та́н-и

例では、単数でも複数でも мам の部分は変わっていませんから、語幹

два́дцать оди́н　21

文字と発音

です。一方、単数形の語末 -a は複数形では -ы となります。ですから語末 -a, -ы はそれぞれ語尾でもあります。

ところで、上の変化には、あるルールがあります。お気づきでしょうか。

「ママ」の例では、語尾の -a は変化してもあくまで「あ」行の -ы に変わります。一方「ターニャ」では語尾 -я は -и と変わり、やはり「や」行の母音と「選手」交替します。しかも、単数 а-я の対応が複数では ы-и の対応というように、変化しても母音字の対応はくずれません（→p20）。

この原則からずれる珍しい場合が下の正書法に関係する場合です。

なお今後ハイフン（-）は語形変化などの説明のためにつけますが、ふつうは入れません。

2）正書法

ロシア語には下のような綴りの規則（正書法）があります。今後、語を変化させる際にいつも思い出しましょう。

— г к х ж ч ш щ の直後では、ы я ю を書かず、その代わりそれぞれ対応の母音字、и а у を書く —

г к х ж ч ш щ の直後では	書かれるはずの文字	実際に書かれる文字
	ы	и
	я	а
	ю	у

мáма のように、-a に終わる単語の複数形の語尾は -ы です。しかし、студéнтка「女子学生」の複数形は正書法の規則が適用され、студéнтки となります。

　　　　　　　↓が(к)　　　　　　複数形の規則では↓ыが書かれる
　　　　　　　　　　　　　　　　はずだが正書法で ы→и と変わる
単数形　студéнтка　　　　　　　複数形　студéнтки

10．注意したい文字と発音　　[　]内が実際の発音

вств [ств]	здравствуйте こんにちは	чувствовать 感ずる
г [в]	его́ 彼の　но́вого 新しい	сего́дня 今日
гк [хк]	легко́ 簡単だ　лёгкий 容易な	（特定の語のみ）
дс [ц]	городско́й 町の	
тс [ц]	де́тский 子供の	
зж [жж]	е́зжу （乗物で）私は通う	
сш [шш]	сшить 縫う	
лнц [нц]	со́лнце 太陽	
стл [сл]	счастли́вый 幸せな	
стн [сн]	изве́стный 有名な	
здн [зн]	по́здно 遅く	
стск [сск]	тури́стский 旅行者の　синтои́стский 神道の	
сч [щ]	сча́стье 幸せ	
жч [щ]	мужчи́на 男	
тся, ться [тца]	у́чится 彼は学ぶ　учи́ться 学ぶ	
ч [ш]	что 何　коне́чно もちろん　ску́чно さびしい　（чを [ш] と読むのは特定の語のみ）	

два́дцать три　23

УРОК №1 (ОДИН)

CD4 CD5

1. —Вы японец?
　　ヴィー ィポーニツ

2. —Да, (я) японец.
　　ダー (ヤー) ィポーニツ

3. —Кто это? —Это Таня.
　　クトー エータ　エータ ターニャ

4. —Что это? —Это метро.
　　シトー エータ　エータ ミトロー

【単語】

вы	あなた	японка [女]	日本人女性
японец [男]	日本人（男性）	ресторан [男]	高級レストラン
да	（返事）はい	нет	（返事）いいえ
я	私	не	（否定）〜でない
кто	誰	дом [男]	家、建物
это	これ、それ、あれ	там	あそこに
Таня [女]	（女性名）ターニャ	она	彼女
что [ʃtó]	何	студентка [女]	女子学生
метро [中]	地下鉄	Чебурашка [男]	チェブラーシュカ

【和訳】

1. 「あなたは日本の方ですか」
2. 「はい、（私は）日本人です」
3. 「これはどなたですか」「これはターニャです」
4. 「これ（ここ）は何ですか」「これ（ここ）は地下鉄です」

【解　説】

§1　断定文：「AはБです」
型：А ＋ Б．

「А はБ です」は、「А　Б 」と言います。英語の be 動詞「です、
  ア—　ベ—　　　　ア—　ベ—
である」にあたる語は現在形ではふつう用いられません。また英語の
冠詞（a, an, the）にあたるものはありません。

  Я япо́нец.   私は日本人です。
  ヤ—　ィポ—ニツ

АもБも名詞の場合、ふつう間にダッシュ「—」が引かれます。

  Ямада-сан — япо́нец. 山田さんは日本人です。
  ヤマダ　　サン　　ィポ—ニツ

  Я япо́нка.   私は日本人（女性）です。（Я は
  ヤ—　ィポ—ンカ   代名詞）   ヤ—

🔺 э́тоは「これは〜です」と述べるのに用いられます。э́тоは、遠近に関
係なく人や物・事を指し、状況に応じて「それは、あれは」、または
「ここは、そちらは」と訳されます。
本書では特に必要がない限り「これは」と訳します。

  Э́то Та́ня.   これはターニャです。
  エ—タ　タ—ニャ

🔺 **イントネーション** — 断定文：自分のふつうの音程で始めて平板に続け、
最後の語のアクセントのある音節から音程を一段と下げます。

  Я япо́нец.   Э́то рестора́н.   **CD6**
  ヤ—　ィポ—ニツ   エ—タ　リスタラ—ン
  私は日本人（男性）です。 ここはレストランです。

第1課

§2　疑問詞のない疑問文：「AはБですか？」
型：А ＋ Б？

「АはБですか？」と質問するには、断定文「АはБです」の（.）を（?）にします。口頭では、イントネーションによって疑問の意味を表わします。

▲イントネーション— 疑問詞のない疑問文：質問のポイントとなる単語の、アクセントのある音節のみ音程を上げます。日本人は声が上ずるくらい上げましょう。その後に母音が続く場合には音程を下げます。

Вы япо́нец?　　　　　日本の方ですか。
ヴィー　ィポーニツ　　　　　　　　　　　CD6

§3　Да と Нет

肯定の返事「はい」は да です。一方、否定はまず、нет 「いいえ」と言い、次に打ち消す語句の前に не をおきます。не は後の語と一語のようにつなげて「ニ」と発音し、ふつう не にはアクセントをおきません。
ダー　　　　　　　　　　　　　　　　　　　　ニェート

— Э́то дом?　　— Да, э́то дом.　　はい、これは家です。
エータ ドーム　　　ダー エータ ドーム

ほかに　— Да, дом. ／— Да. ／— Дом. などと簡潔に答られます。

— Э́то дом?　　— Нет, э́то не дом.　いいえ、これは家ではあり
エータ ドーム　　　ニェート エータ ニドーム　　　　ません。

ここでも、　— Нет, не дом. ／— Не дом. ／— Нет. と言えます。

§4　疑問詞のある疑問文

1．疑問詞 кто「だれ、どういう人」は名前、間柄、国籍や職業などをたずねる場合に用いられます。

　　　　下の там は Táня が遠くにいることを表わしています。

— Кто э́то там?　— Э́то Та́ня.　　あれはどなたですか。あれ
　クトー　エータ　タム　　　エータ　ターニャ　　はターニャです。

— Кто Та́ня?　— Она́ студе́нтка.　ターニャはどういう人ですか。
　クトー　ターニャ　　アナー　ストゥヂェーントカ　　彼女は学生です。

2．疑問詞 кто は人以外に動物に対しても用い、一方、что「何」は事や物に対して用います。

— Кто э́то?　— Э́то Чебура́шка.　これは何？これはチェブラーシ
　クトー　エータ　　エータ　チェブラーシュカ　　ュカです。

— Что э́то?　— Э́то рестора́н.　これは何ですか。これはレスト
　シトー　エータ　　エータ　リスタラーン　　ランです。

▲イントネーション—　疑問詞のある疑問文：疑問のポイントである疑問詞のアクセントの部分から音調を下げます。

— Кто э́то там?　　　　　　　　あれはどなたですか。
　クトー　エータ　タム

【ミニミニ辞典】（ここは丸ごと唱えるためですので語注はつきません。）
　よく使われる挨拶を覚えましょう。しっかり相手の名前を覚え、挨拶に添えることをお忘れなく。

О́чень прия́тно, Са́то.　　　　よろしく（初めまして）、佐藤です。
オーチニ　プリヤートナ　サート

Здра́вствуйте [-stv-], Са́то-сан.　こんにちは、佐藤さん。
ズドラーストヴィチェ　　　　　サート　サン

Спаси́бо!　　　　　　　　　　ありがとう
スパシーバ

Извини́те　　　　　　　　　　すみません
イズヴィニーチェ

два́дцать семь　27

第1課

До свида́ния, Сато́-сан. さようなら、佐藤さん。
ダ　スヴィダーニャ　サート　サン

【単語】(ミニ会話、練習の単語です)

Са́ша [男] (男性名) サーシャ	он 彼
гид [男] ガイド	

ミニ会話

А — Что э́то?
Б — Э́то метро́.
А — Э́то метро́?
Б — Да, э́то метро́.

【和訳】

А　ここ（これ）は何ですか。
Б　ここ（それ）は地下鉄です。
А　ここ（これ）が地下鉄ですか。
Б　はい、ここ（それ）は地下鉄です。
　　（モスクワの地下鉄の駅は宮殿のように美しく目を疑うほどです。）

【練習】

Ⅰ．右の日本語を表わすように（　　）内にロシア語を入れなさい。

1．(何) э́то там?　　　　あれは何ですか。
2．(あれは) метро́.　　　あれは地下鉄です。
3．(誰) э́то там?　　　　あれは誰ですか。
4．(あれは) Са́ша.　　　あれはサーシャです。
5．(どういう人) он?　　彼はどういう人ですか。
6．(彼は) гид.　　　　　彼はガイドです。

第1課

モスクワの地下鉄の駅（ノヴォクズネツカヤ駅〔上〕とベラルースカヤ駅）。写真提供、岡田譲氏。

―― 1課のエッセンス ――
「Э́то метро́. これは地下鉄です」「AはБです」と言うにはAとБを並べるだけ。英語のbe動詞に当たる語は不要である。「これは、それは、あれは〜です」と単に指示するときにはэ́тоを用いる。

УРОК №2 (ДВА)

1. — Ты япо́нец? — Да, я япо́нец.
   トゥィィポーニツ   ダー ヤーィポーニツ

2. — Где лифт? — Он там.
   グヂェーリーフト   オーンターム

3. — А где рестора́н? — Вот он.
   ア グヂェーリスタラーン   ヴォートオーン

【単語】

ты	君	они́	彼ら
где	どこに、どこで	ви́за [女]	ビザ
лифт [男]	エレベータ	тут	ここに、この場所に
он	それ (→p39)、彼	здесь	ここ、このあたりに
а	一方、ところで	до́ма	家で、家に
вот	ほら（ここに）	дочь [女]	（親に対して）娘
оно́	それ	вон	ほら（あそこに）
мы	私たち		

【和訳】

1. 「君は日本人なの？」「ええ、ぼくは日本人です」
2. 「どこにエレベータはありますか」「それはあちらです」
3. 「でレストランはどこですか」「ほらここです」

【解　説】

§1　人称代名詞

人称代名詞は、話し手（一人称）か話し相手（二人称）か、またはそれら以外(三人称)かで分かれ、それぞれに単数形と複数形があります。

人称／数		単数形	複数形
一人称		я 私 ヤー	мы 私たち ムゥイ
二人称		ты 君 トゥイ	вы あなた（一人） ヴゥイ　君たち、あなた方 君たち＋あなた方
三人称	男性	он 彼、それ オーン	彼ら、それら
	女性	она́ 彼女、それ アナー	они́ 彼女ら、それら アニー
	中性	оно́ それ アノー	それら

1. 二人称の вы を使う場合は要注意です。
    a) 一人の相手には ты と вы（敬称の вы）が使い分けられます。
       ты ― 遠慮のいらない相手、たとえば、家族、友人、目下の人、子ども、動物などに対して、用いられます。
       вы ― 遠慮が必要な大人に対して、または遠慮が必要な場（会議の場など）で用いられます。
    b) 複数の相手には、親しさ、敬意の有無とは関係なく一様に вы が用いられます。敬称の вы の в は文中大文字で書かれることがあり、本書でも時に大文字で表わします。
2. 三人称代名詞は人だけでなく物も指し、単数では性の区別があります

(→p39)。複数形は3性とも同じ **они** を用います。なお、すぐ近くの
　　　　　　　　　　　　　　　　　アニー
人を三人称の代名詞でよぶのは失礼ですので気をつけましょう。

§2　存在、所在：「AがBにいる・ある」
型：A（存在・所在する人・物）＋ Б（場所を表わす語）

Виза тут.「ビザはここです」のように、「AがБにいる・ある」と言う
ヴィーザ トゥート
には、AとБ（場所）を並べるだけです。「いる・ある」にあたる語は現在
形ではふつう用いられません。

場所は **здесь**「ここ・このあたり」、**тут**「ここ」、**там**「あそこ」、**дома**
　　　ズヂェーシ　　　　　　　　　トゥート　　　　　　ターム　　　　　　ドーマ
「家に・家で」などの副詞が表わします。

語順を逆にすれば、「Б（場所）に」「Aがいる・ある」となります。

　　Здесь ресторан.　　　　　ここにはレストランがあります。
　　ズヂェーシ リスタラーン

🔺**イントネーション**―　存在・所在文も断定文の一種ですから、断定文の
　　イントネーションです。

　―**Где дочь?**　―**Она там.**　娘はどこにいますか。
　　グヂェー ドーチ　　アナー ターム　　彼女はあそこです。

§3　a「一方〜は」「で、ところで」
対比、対照を表したり、質問の前におき会話を滑らかにする語です。

🔺**イントネーション**―　aに始まる完結しない疑問文：aに続く語のアク
セントの部分のみ音調を下げ、次に尻上がりにします。

―А э́то？　―Э́то рестора́н.　ではこれは？
　　　　ア エータ　　　エータ リスタラーン　　これはレストランです。

§4　指示、強調　вот

型：**Вот ＋ А**　ほらこれがАです
　　　ヴォート

вот は、眼前にあるものを強く指し示したり、注意を向けたり、ときには詠嘆の意味を込めて強調するときに用います。**вот** の後に注意を向けたい単語を続けます。遠いものには **вон** をつけます。
　ヴォート　　　　　　　　　　　　　　　　　　　　　　　　　　　　　ヴォート
　　　　　　　　　　　　　　　　　　　　　　　　　　　　　　　　ヴォーン

　　Вот ви́за.　　　　　　ほらこれがビザです。
　　ヴォートヴィーザ

　　Вон там метро́.　　　ほらあそこに地下鉄があります。
　　ヴォーンターム ミトロー

【単語】

па́спорт [男]	パスポート	мой	私の
пожа́луйста [-ls-]	（授受のとき）どうぞ	а	（気づいて）あー
хорошо́	結構です、上手に	всё	すべて、全部
здра́вствуйте [-stv-]	こんにちは	сын [男]	息子
ваш	あなたの	па́па [男]	パパ
бага́ж [男]	荷物	ма́ма [女]	ママ

──── ミニ会話１ ────

А ― Па́спорт, пожа́луйста.

Б ― Вот он.

А ― Где дочь？

Б ― Она́ там.

три́дцать три　**33**

第2課

А — Ви́за тут. Хорошо́.

【和訳】

А —「パスポートをどうぞ」
Б —「ほらこれがそうです（はい、どうぞ）」
А —「お嬢さんはどこですか」
Б —「娘はあそこです」
А —「ビザはここですね。はい、結構です」

―― ミニ会話2 ――　　　　　　　　　　CD12

А — Здра́вствуйте, Сато-сан. Это ваш бага́ж?
Б — Нет, э́то не мой бага́ж.
А — А где ваш бага́ж?
Б — А, вон он.
А — Э́то всё?
Б — Да.

【和訳】

А —「こんにちは、佐藤さん。これはあなたのお荷物ですか」
Б —「いいえ、これは私の荷物ではありません」
А —「ではどこにあなたの荷物はあるのですか」
Б —「あー、ほらあそこです」
А —「あれで全部ですか」
Б —「そうです」

第2課

【練習】

Ⅰ．文中の（　）内に он, она́ の一方を入れなさい。

1．— Где япо́нец?　　—（　　）там.
2．— Где япо́нка?　　—（　　）там.
3．— Где дочь?　　　—（　　）там.
4．— Где сын?　　　—（　　）там.
5．— Где па́па?　　　—（　　）там.
6．— Где ма́ма?　　　—（　　）там.

Ⅱ．露訳しなさい。

1．ママはあそこにいます。
2．あそこにママはいます。
3．あそこにはレストランがあります。
4．レストランはあそこです。
5．「どこにガイドさんはいるの」「ほらあそこです」
　　「ではパパは？」「家です」

――― 2課のエッセンス ―――
Там метро́.「あそこに地下鉄があります」「AはBにある・いる」と所在を言うにはAとBを並べるだけ。BとAの語順にすると「BにAはある・いる」Метро́ там.「地下鉄はあそこにあります」という意味になる。

тридцать пять　35

УРОК №3 (ТРИ)

CD13 CD14

1. Э́тот студе́нт япо́нец, а тот — ру́сский.
   エータト　ストゥヂェーント　ｨポーニツ　ア　トート　　ルースキー

2. — Где　вы бы́ли вчера́?　— (Я был)　в Большо́м теа́тре.
   グヂェーヴｨ　ブィーリフチラー　　（ヤーブィール）ウ　バリショーム　チアートリェ

3. — Что ты де́лала вчера́?　— Я подраба́тывала.
   シトー　トゥイヂェーララ　フチラー　　ヤーパドラバートｨヴァラ

4. Она́ не обе́дала, она́ была́ на дие́те.
   アナー　ニｨ　アビェーダラ　アナー　ブィラー　ナ　ヂエーチェ

【単語】

э́тот	この	дя́дя [男]	おじ
студе́нт [男]	（男子）学生	музе́й [男]	博物館、美術館
тот	その、あの	письмо́ [中]	手紙
ру́сский [-sk-] [男]	ロシア人（男性）	и́мя [中]	名前
бы́ли＜быть	いた、あった	вре́мя [中]	時間、時
вчера́	昨日	роди́тели [複]	両親
был, была́	いた、あった	ру́сская [-sk-] [女]	ロシア人（女性）
в Большо́м теа́тре	ボリショイ劇場に・で	кни́га [女]	本
что [ʃtó]	何を、何が	де́лать	する
де́лала	し（てい）た	ра́ньше	以前、昔
подраба́тывала	アルバイトをした	※以後動詞は代表形の不定詞で示し、1課から名詞の性は [男][女][中] で示しています。	
обе́дала	昼食を取った		
на дие́те [-ét-]	ダイエット中で		

тридцать шесть

【和訳】
1．この学生は日本人です。あちらは（学生という語が省略されている）ロシア人です。
2．「昨日はどこにいらっしゃいましたか」「ボリショイ劇場に行きました」
3．「君は昨日何をしたの」「アルバイトをしたのよ」
4．彼女は昼食をとらなかった、ダイエット中だったので。

第3課

【解　説】

§1　対照表

				4　э	
硬母音字	1　а	2　ы	3　у		5　о
軟母音字	1′　я	2′　и	3′　ю		4′　е
					5′　ё
子音字		2″　й			
	女性				中性

　この表は母音字を並び変えたものです。つまり、変化には用いない4番のэを太線の枠外へ出し、それとペアの4′еを5 оの下に移しました。この表（「対照表」）は、学習において目覚しい働きをします。

§2　名詞の性

名詞の性	名詞の末尾
女性	-а/-я
中性	-о/-е（-ё）
男性	子音（йなど）

　名詞は、人や動物以外の物や事を表わすものも、**文法の約束事として男性、女性とそのどちらでもないもの（中性）**とに分かれます。名詞の性は、形容詞などの形を決める大切な基準になります（→p67）。

〈性の区分〉

1. はっきり男性、女性とわかる人間を表わす名詞は、綴りとは関係なく男性、女性とされます。па́па［男性］パパ　дя́дя［男性］おじ
2. 物・事を表わす名詞の場合、語の末尾で決めます。
　語の末尾が対照表の最初のаかяならば女性、最後のоかеかёなら

38　три́дцать во́семь

ば中性、子音ならば男性です。ちなみに、日本には「**Ая** あや」さんという女性がいますし、子音の「子」は本来男子の尊称でしたね。

　こういうわけで、「**дочь** 娘」が女性名詞なのは当然として、「**па́спорт** パスポート」、「**ви́за** ビザ」もそれぞれ男性名詞や女性名詞とされるのです（→p30、p34）。※-ё に終わる名詞は少数ですので今後省略します。

　三人称代名詞も名詞の性の区分にあった形をしています。

　　男性　—　Где　музе́**й**?　—　О**н** там.
　　　　　　　グヂェー　ムゼーィ　　　　オーン　ターム
　　　　　博物館はどこですか。あそこにあります。

　　女性　—　Где　япо́нк**а**?　—　Он**а́** там.
　　　　　　　グヂェー　ィポーンカ　　　　アナー　ターム
　　　　　日本人はどこですか。あそこにいます。

　　中性　—　Где　письм**о́**?　—Он**о́** там.
　　　　　　　グヂェー　ピシモー　　　　アノー　ターム
　　　　　手紙はどこですか。あそこにあります。

【発展】少数の名詞は下のようになります。
3．-ь に終わる名詞には男性と女性の場合があり、一つ一つ覚えます（→p217）。-жь, -чь, -шь, -щь に終わる名詞は女性名詞です。
4．-мя に終わる名詞10個は中性名詞です。いまは **и́мя**「名前」と **вре́мя**「時間」を覚えればすみます。

§3　指示形容詞［代名詞］　**э́тот, тот**

　э́тот、тот は「この；その、あの」を意味し、名詞の性、数に応じて変化します。　　cf. this book,　these books

第 3 課

		近称	遠称	つながる名詞の例
単数形	男性形	э́тот	тот	дом　家
	女性形	э́та	та	кни́га　本
	中性形	э́то	то	письмо́　手紙
複数形3性同じ		э́ти	те	часы́　時計

1．他のものと比べないときには э́тот が状況に応じて「この、その、あの」を表わします。比べるときには、近いものに э́тот「この」、遠いものに「その、あの」をつけます。

　　Э́та студе́нтка япо́нка, а та (студе́нтка) ру́сская.
　　エータ　ストゥヂェーントカィポーンカ　ア　タ　（ストゥヂェーントカ）　ルースカヤ
　　この女子学生は日本人で、あの女子学生はロシア人です。

2．э́то が「これは；それは、あれは〜です」を意味するときは、性や数にかかわらずどんな名詞も導きます（→p25）。

　　Э́то япо́нец／кни́га／письмо́／роди́тели.
　　エータ　ィポーニツ／クニーガ／ピシモー　／ラヂーチェリ
　　これは日本人　／本／手紙／両親です。

§4　不定詞と動詞の過去形

1．動詞の代表形は不定詞と言い、**-ть**（少数は **-ти, -чь**）に終わります。
2．動詞には過去、現在、未来という3つの時制があります。ただし、進行形「〜しているところ」はありませんので、進行中なのかどうかは状況によって判断します。

過去形の作り方：
　型：単数　男性形 **-л**、女性形 **-ла**、中性形 **-ло**；　複数形 **-ли**

　不定詞から、**-ть** を除き、次に

第 3 課

単数主語に続く場合 { 男性形には -л を、
女性形には -ла を、
中性形には -ло を、

複数主語に続く場合 — どの性の場合も -ли をつけます。

		主語／不定詞	де́ла-ть	бы́-ть
単数形	男性	он я ты	де́ла-л	бы́-л
	女性	она́ я ты	де́ла-ла	бы-ла́
	中性	оно́	де́ла-ло	бы́-ло
複数形3性とも		они́ мы вы	де́ла-ли	бы́-ли
意味			した、していた	いた、あった

1) 主語 вы には敬称の場合も複数形が用いられます（下の3)の例）。
2) была́ のようにアクセントが移る語もあり、アクセント移動の規則はないので個別に覚えます。
3) быть の過去形「いた、あった」は、状況に応じて「行って来た」「行ったことがある」や「来ていた」とも訳します。

— Вы ра́ньше бы́ли там?　あなたは以前そこへ行ったことがありますか。
ヴィーラーニシェ　ブィーリ　タム

— Да, ра́ньше я был там./Да, я был./Да, был./Да./Был.　ええ、行ったことがあります。
ダー　ラーニシェ　ヤーブィールターム

【単語】

коне́чно [-ʃn-]	もちろん	су́си(су́ши) [中/複・不変]	寿司
отдыха́ть	保養する、休む	про́бовать	試す、試食する
и	それで、そして、また	вино́ [中]	ワイン
жаль	残念である	Ко́ля	(男性名) コーリャ
весь день	一日中	университе́т [男]	総合大学

со́рок оди́н　41

第3課

сиде́ть	坐っている	кио́ск [男]	売店
сиде́ть до́ма	家にいる	ка́сса [女]	レジ、切符売場
ведь	だって〜でしょう	столо́вая [女]	(学食や社内)食堂(→p77)
воскресе́нье [中]	日曜日	кафе́ [-fé] [中]	カフェ、軽食喫茶
чита́ть	読書する、読む	посо́льство [中]	大使館
пото́м	それから	рабо́тать	働く、開いている、機能する
гото́вить	料理する、準備する		

ミニ会話1

CD15

А — Вы ра́ньше бы́ли там?

Б — Да, коне́чно, бы́ли.

А — А что вы де́лали? Отдыха́ли?

Б — Нет, мы подраба́тывали.

А — И не отдыха́ли? Жаль.

【和訳】

А—「あなた方は以前そこへいらっしたことはありますか」

Б—「ええ、もちろんあります」

А—「で何をしたのですか。保養ですか？」

Б—「いいえ、アルバイトです」

А—「それで保養はしなかった？　残念ですね」

ミニ会話2

CD16

А — Где Вы бы́ли вчера́, Ямада-сан?

Б　Я был в Большо́м теа́тре. А Вы где бы́ли, Та́ня?

А — Я весь день сиде́ла до́ма, ведь вчера́ бы́ло воскресе́нье.

Б — А Вы что де́лали?

А — (Я) чита́ла, а пото́м гото́вила су́ши и про́бовала.

第３課

【和訳】
　Ａ―「山田さん、きのうはどこにいらっしゃいましたか」
　Б―「ボリショイ劇場に行ってきました。ターニャ、あなたのほうはどちらに？」
　Ａ―「あたしずっと家にいました。だって昨日は日曜日だったでしょう」
　Б―「ところであなたは何をしていましたか」
　Ａ―「読書して、それから寿司を作って試しに食べてみたんです」

【練習】
Ⅰ．文中の（　）内に он, она́, оно́ のどれかを入れなさい。
　1．― Где музе́й?　　　　― (　　) там.
　2．― Где ваш гид?　　　 ― (　　) там.
　3．― Где ру́сский?　　　― (　　) там.
　4．― Где ру́сская?　　　― (　　) там.
　5．― Где рестора́н?　　 ― (　　) там.
　6．― Где кни́га?　　　　― (　　) там.
　7．― Где па́спорт?　　　― (　　) там.
　8．― Где метро́?　　　　― (　　) там.
　9．― Где вино́?　　　　 ― (　　) там.
　10．― Где письмо́?　　　― (　　) там.

Ⅱ．和文の意味を表わすように（　）内の語を変化させなさい。
　1．彼らは以前ボリショイ劇場へ行ったことがありますか。
　　　Они́ ра́ньше (быть) в Большо́м теа́тре?
　2．君たちは以前ボリショイ劇場へ行ったことがありますか。
　　　Вы　ра́ньше (быть) в Большо́м теа́тре?
　3．コーリャ、君は以前ボリショイ劇場へ行ったことがあるの？

со́рок три　43

第3課

Коля[男], ты ра́ньше (быть) в Большо́м теа́тре?

4．ターニャ、君は以前ボリショイ劇場へ行ったことがあるの？

Та́ня[女], ты ра́ньше (быть) в Большо́м теа́тре?

5．昨日は日曜日でコーリャは家で休養をとった。

Вчера́ (быть) воскресе́нье, и Ко́ля (отдыха́ть) до́ма.

Ⅲ．下文の（ ）内をуниверсите́т, кио́ск, ка́сса, столо́вая, кафе́, посо́льство に変え、指示形容詞［代名詞］、動詞を適切な形に直して文を作り変えなさい。

Э́тот (рестора́н) рабо́тал, а тот не рабо́тал.

3課のエッセンス

「Она́ рабо́тала, а он отдыха́л. 彼女は働き、彼は休養した」名詞には文法的に男性、女性、中性という区別がある。この区別は、動詞の過去形、三人称代名詞にも及び、男性形—子音に終わる、女性形—-aに終わる、中性形—-oに終わる、複数形-и（-ы）に終わるという共通点がある。

УРОК №4 (ЧЕТЫРЕ)

CD17 CD18

1. — В ресторáне мóжно курúть? — Нет, нельзя́.
   ヴ リスタラーニェ　モージュナ クリーチ　　　ニェート ニリジャー

2. — Вы не знáете, где мóжно курúть?
   ヴィーニ ズナーイチェ グヂェーモージュナ クリーチ

   — Знáю. Мóжно и здесь, и там.
   ズナーユ　モージュナ　イ ズヂェーシ イ ターム

3. Вы рáньше бы́ли в Большóм теáтре на балéте?
   ヴィーラーニシェ ブィーリ ヴ バリショーム チアートリェ ナ バリェーチェ

4. — Úра сегóдня былá на свидáнии. — Неужéли?!
   イーラ シヴォードニャ ブィラー ナ スヴィダーニイ　　ニウジェーリ

【単語】

в 《前》+前	～で、～に		Москвá [女]	モスクワ
мóжно	～してよい、できる		недéля [女]	週
курúть	タバコをすう		мóре [中]	(内)海
нельзя́	～してはいけない、できない		вокзáл [男]	(ターミナル)駅
знáете, знáю＞знать	知っている		гóрод [男]	町、市
и..., и...	～も～も		пóчта [女]	郵便局
на 《前》+前	～で、～に		Амéрика [女]	アメリカ
балéт [男]	バレエ、舞踊		востóк [男]	東、東部
Úра [女]	(女性名)イーラ		стол [男]	テーブル、机
сегóдня[-vó-]	今日		Япóния [女]	日本
свидáние	デート、面会		самурáй [男]	サムライ
неужéли	本当ですか		※《前》+前は前置詞+前置詞格の略	
теáтр [男]	劇場			

第4課

【和訳】
1．「レストランでタバコをすっていいですか」「いいえ、いけません」
2．「どこでタバコをすってよいか知りませんか」「知っています。ここでも、あそこでもいいのです」
3．あなたは以前ボリショイ劇場のバレエを見に行ったことがありますか。
4．「イーラは今日はデートでした」「うそー」

ロシア語の検索エンジン

基本的には、日本語や英語同様、**Google**に調べたいロシア語を入れれば、無限ともいえるサイトにたどり着けます。

有力検索サイト
http://www.google.ru/
http://www.rambler.ru/
http://www.yandex.ru/
http://www.aport.ru/

学習用には東京外国語大学のe-learningなどが利用できます。
http://www.coelang.tufs.ac.jp/modules/

【解　説】

§1　мóжно と нельзя́

型：мóжно ＋不定詞－許可「〜してよい」、可能「〜できる」
　　нельзя́ ＋不定詞－禁止「〜はいけない」、不可能「〜はできない」

状況から何を指すのかわかれば、不定詞は省かれます。
　ちなみに、以下はもしもカメラを向けて言えば「撮影してよいか」という意味です。

　　— Мóжно?　　　　　いいですか。
　　— Да, мóжно.　　　　はい、いいです。
　　— Нет, нельзя́.　　　いいえ、だめです。

§2　前置詞格と場所の表現（〜で、〜に）

型：存在・動作の場所—　前置詞в / на＋名詞-e ［前置詞格］

1．場所は、здесь「ここ」などの副詞でも表わしますが、大半は《в / на＋前置詞格の名詞》で表わします。前置詞格では名詞の末尾を -e に変えます。-й / -ь 以外の子音に終わる男性名詞には -e を付けます。なお前置詞は名詞と続けて読まれ、ふつうアクセントはおかれません。

主格	前置詞格		主格	前置詞格	
теáтр	в теáтр-е	劇場で	музéй	в музé-е	博物館で
↑			↑		
eを付加（-й/-ь以外の子音）			йをeに変える（-й/-ьの場合）		

いままで単に名詞と言ってきたものは、名詞の代表形である主格という形で、辞書の見出しになります。

第4課

名詞の性	末尾の綴り 硬音	末尾の綴り 軟音	例 硬音	例 軟音
男性	-子音	-й, -ь	теа́тр　в теа́тр-е	музе́й　в музе́-е
女性	-а	-я	Москва́　в Москв-е́	неде́ля　на неде́л-е
中性	-о	-е	письмо́　в письме́	мо́ре　в мо́р-е

2. **в, на の使い分け**：名詞には1) 前置詞 в, на の一方とだけ結びつくものと2) в, на の両方と結びつき意味が異なるものがあります。

　1) вと結びつく名詞　　　　　　　наと結びつく名詞

　　　в теа́тре　　　劇場で　　　　на вокза́ле　　駅で
　　　в го́роде　　　町で　　　　　на по́чте　　　郵便局で
　　　в университе́те　大学で　　　на бале́те　　　バレエ（見学）に
　　　в Аме́рике　　アメリカで　　на восто́ке　　東部で

　2) 意味が異なるもの

　　　в столе́　引出しの中に　　　　на столе́　机の上に

в は、ものの内部や閉ざされた場所を表わし、на は表面や広々とした場所、駅、工場、東西南北、催し物の場所を表わします。また習慣的にв, на の一方と結びついているものもあります。

3. **в теа́тре на бале́те** のように、場所の表現を重ねることがあります。これが日本語の「劇場のバレエに」を意味します。

【発展】 **-ий**［男性］、**-ия**［女性］、**-ие**［中性］に終わる名詞と**-ь**に終わる女性名詞（→p217）の前置詞格は、末尾を**-и**に変えます。

　　Япо́ния→в Япо́нии　日本で　　свида́ние→на свида́нии　デートに

§3　я, вы の現在形

я, вы に対応する動詞 знать「知っている」の現在形は、я зна́ю、вы зна́ете となります。

со́рок во́семь

§ 4　間接疑問文

疑問詞、例えば **где** や **кто** に導かれる疑問文はそのまま間接疑問文として用いられます。

Вы не зна́ете ...?	〜を知りませんか。
Где рестора́н 《Самура́й》?	どこにレストラン『侍』はありますか。
Вы не зна́ете, где рестора́н 《Самура́й》?	どこにレストラン『侍』があるか知りませんか。
Вы не зна́ете, кто э́то там?	あちらの方はどなたか知りませんか。

§ 5　「AもБも」

「AもБも」のように複数の語句を列挙、強調したい時は、**и** をA, Бそれぞれの前におきます。

и в Япо́нии, и в Аме́рике	日本でもアメリカでも
и здесь, и там	ここでもあそこでも

§ 6　疑問詞と語順

疑問詞はふつう文頭におかれますが、下の例ではそうなっていません。
　一般に語順は英語などのように固定的ではなく、ロシア語では文章の流れを反映したものになります。

— Где вы бы́ли вчера́?	きのうはどこへ行きましたか。
— В Большо́м теа́тре. А вы где бы́ли?	ボリショイ劇場です。であなたはどこへ行きましたか。

第4課

【単語】

ужé	すでに	óпера ［女］	オペラ
ещё	まだ、ほかに	смотрéть	見る、観察する
купи́ть ［完］	買う	Лебеди́ное о́зеро	白鳥の湖
биле́ты ［男複］	切符	прекра́сно (→p139)	すてきだ、最高だ
гости́ница ［女］	ホテル	су́ши-бар ［男］	寿司バー
спаси́бо	ありがとう		

※次のアクセントには注意：не́ был, не была́, не́ было, не́ были

ミニ会話 1　　　CD19

А ― Вы уже́ бы́ли в Большо́м теа́тре?

Б ― Нет, ещё не была́.

　　　Вы не зна́ете, где мо́жно купи́ть биле́ты?

А ― Коне́чно, зна́ю. Мо́жно и в го́роде, и здесь, в гости́нице.

Б ― Спаси́бо.

А ― Пожа́луйста.

【和訳】

А ―「もうボリショイ劇場にはいらっしゃいましたか」

Б ―「いいえ、まだ行ってません。どこで切符を買えるか知りませんか」

А ―「もちろん、知ってます。町でもここ、ホテルでも買えますよ」

Б ―「ありがとう」

А ―「どう致しまして」

ミニ会話 2　　　CD20

А ― Где Вы бы́ли вчера́, Ямада-сан?

Б ― Я был в Большо́м теа́тре.

第4課

А — На бале́те и́ли на о́пере?
Б — Я смотре́л бале́т «Лебеди́ное о́зеро». Э́то бы́ло прекра́сно. А Вы что де́лали, Та́ня?
А — Я подраба́тывала в су́ши-баре.

【和訳】
А —「山田さん、きのうはどこにいらっしゃいましたか」
Б —「ボリショイ劇場に行ってきました」
А —「バレエですかオペラですか」
Б —「バレエの『白鳥の湖』を見ました。あれは素晴らしかったですよ。ところでターニャ、あなたは何をしましたか」
А —「私は寿司バーでアルバイトしました」

【練習】
I．（　）の語を／の右の語と変えなさい。必要なら前置詞も変えなさい。
　— В (рестора́не) мо́жно кури́ть? — Нет, нельзя́.
　　　　　　　/теа́тр, го́род, музе́й, вокза́л, по́чта, гости́ница, посо́льство

II．和文の意味を表わすように（　）内の語を適切な形に変えなさい。
　1．— Что вы де́лали вчера́, Та́ня?
　　　— (Смотре́ть) бале́т в Большо́м теа́тре.　ボリショイ劇場でバレエを見ました。
　2．— Что вы де́лали вчера́, Ко́ля?
　　　— (Рабо́тать) в посо́льстве.　大使館で働いていました。
　3．— Та́ня и Ко́ля, что вы де́лали вчера́?
　　　— Мы (обе́дать) в рестора́не.　レストランで昼食をとりました。

第4課

Ⅲ．ты を用いて露訳しなさい。1．は男性同士、2．は女性同士の会話とする。
　1．「君は昔日本へ行ったことがあるの」
　　　「いいえ、ありません（нé был）」
　2．「きのうあなたは何をしたの」
　　　「休養よ。であなたは何をしてたの」
　　　「一日中家にいて読書したの」

4課のエッセンス

1．場所の表現：場所は副詞か名詞（前置詞в/на＋名詞の前置詞格）で表わす。

　　Я был здесь.　　　　　我ここにあり。
　　Онá былá на ópере.　　彼女はオペラ見学に行った。

2．「в」は閉鎖空間やそれに類するものの場合、「на」は広々とした場所、催し物などの場合に用いられる。

　　Книга на столé.　　　本は机の上にある。
　　Книга в столé.　　　 本は机の引き出し（の中）にある。

УРОК №5 (ПЯТЬ)

1. Мы зна́ем, что э́то пра́вда. И вся Москва́ зна́ет.
   ムィ ズナーィム シトー エータ プラーヴダ イ フシャーマスクヴァー ズナーィト

2. — Что вы де́лаете сейча́с?
   シトー ヴィ ヂェーラィチェ スィチャース

   — Мы чита́ем газе́ты и журна́лы.
   ムィ チターィム ガジェートィ イ ジュルナールィ

3. Почти́ все писа́тели чита́ют рома́ны 《Отцы́ и де́ти》
   パチチー フシェー ピサーチリ チターユト ラマーヌィ アッツィ イ ヂェーチ

   и 《Бра́тья Карама́зовы》.
   イ ブラーチヤ カラマーザヴィ

4. Ба́бушки зна́ют, что тако́е любо́вь, а де́вушки нет.
   バーブシュキ ズナーユト シトー タコーィエ リューボーフィ ア ヂェーヴシュキ ニェート

【単語】

зна́ем…<знать	知っている	ба́бушки [女複]	おばあちゃん
что [接]	〜ということを	тако́е (чтоを強調)	一体
пра́вда [女]	真実	любо́вь [女]	愛情、恋
вся<весь	すべての	де́вушки [女複]	(若い) 娘
сейча́с	いま	нет	前文の述語を否定する
газе́ты [女複]	新聞	день [男]	日
журна́лы [男複]	雑誌	ста́нция [女]	駅
почти́	ほとんど	ночь [女]	夜
писа́тели [男複]	作家	сло́во [中]	単語、語
рома́ны [男複]	長編小説	сестра́ [女]	姉、妹
отцы́ [男複]	父	профессора́ [男複]	教授
де́ти [複]	子供たち	учи́тель [男]	教師、師

пятьдеся́т три

第5課

| Бра́тья Карама́зовы | カラマーゾフの兄弟 | бра́тья［男複］брат | 兄、弟 |
| часы́［複］ | 時計 | ※［女複］は女性複数形の略、他同様 | |

【和訳】
1．私たちはそれが本当だということを知っている。それにモスクワ中（市民）が知っている。
2．「あなた方はいま何をしていますか」「私たちはいま新聞と雑誌を読んでいます」
3．作家はほとんど全員が『父と子』と『カラマーゾフの兄弟』を読みます。
4．おばあちゃんたちはそもそも愛とは何かを知っているが、娘たちは知らない。

【解　説】

§1　現在形(1)　e変化動詞［第Ⅰ変化］
型：語幹―不定詞から-тьを取り除いた部分
　　　語幹に順に語尾「-ю, -ешь, -ет, -ем, -ете, -ют」をつける

　動詞の現在形は、「e」変化と「и」変化という2つの規則変化とその他少数派に分かれます。
　現在形は主語の人称と数に応じた6つの異なる形をとります。主語と動詞の形（語尾）はセットですので、まとめて唱えましょう。
　敬称の вы には二人称複数形が用いられます。

不定詞 знать 知っている

	単数	語幹	語尾	複数	語幹	語尾
一人称	я	зна	-ю	мы	зна	-ем
二人称	ты	зна	-ешь	вы	зна	-ете
三人称	он	зна	-ет	они	зна	-ют

e変化の特徴：一人称単数形（яに続く形）に「т」をつけると三人称複数形（ониに続く形）になる。それ以外では語尾が「e」で始まる。

§2　весь「全体の、すべての」
　一種の形容詞 весь は以下のような形をとります。

男性形　весь ⎫
女性形　вся 　⎬　複数形　все
中性形　всё ⎭

　　весь го́род　町中　　вся Москва́　モスクワ中
　　всё письмо́　手紙全体　все де́ти　子供全員

§3　名詞の複数形

型：男性名詞と女性名詞は語尾を ы / и と変え、中性名詞は а / я とする。

複数形は単数名詞の性と末尾が硬音か軟音かによって定まります。

```
男性 ─ 末尾が子音（-й/-ь以外）+ ы   ← -а 末尾   女性
                 (-й/-ь)      → и   ← -я/-ь
中性 ─ 末尾が    -о           → а
                 -е           → я
```

1. **男性名詞**：硬子音字（-ь, -й 以外）に終わるものには **ы** をつけ、**-ь, -й** に終わるものはそれを **и** に変えます。

```
           ↓が (-ь, -й) 以外                    ↓ыをつける
    単数   гид                           複数   гиды
           музе́й                               музе́и
           ↑が (-ь, -й)                         ↑иに変える
```

	硬音	単数　　　複数	軟音	単数　複数　単数　複数
男	-+ы	гид→ги́д-ы	-й/-ь→и	музе́й→музе́-и　день→дн-и
女	-а→ы	ви́за→ви́з-ы	-я/-ь→и	неде́ля→неде́л-и　ночь→но́ч-и
中	-о→а	сло́во→слов-а́	-е →я	мо́ре　→мор-я́

2. **女性名詞、中性名詞**：単数形の末尾の母音を対照表で右の母音に変えれば複数形です。5：4′に終わるものは、振り出しに戻りそれぞれ1：1′に変えます。

				4 э	
硬母音字	1 а	2 ы	3 у		5 о
軟母音字	1′ я	2′ и	3′ ю		4′ е
					5′ ё
子音字		2″ й			

【発展】

1．アクセントの変わるものがあります。

сто́л→複 столы́ 食卓　сестра́→複 сёстры 姉／妹

2．о/е＋子音字の単語にはо/еを落とすものがあります。

оте́ц　　　　　　複 отцы́　父
└─────→を除き -ыをつける↑

3．男性名詞には複数形で-а́/-я́を取るものや-ьяとなるものがあります。

профе́ссор → 複 профессор-а́　教授（アクセントは-а́、-я́にくる）

учи́тель → 複 учител-я́　教師

бра́т → 複 бра́тья　兄／弟

4．正書法に注意しましょう（→p22）。

ба́бушка → 複 ба́бушки　おばあちゃん

※複数形で末尾の形が変わっても性は変わりません。

※複数形しかない名詞　роди́тели　両親　часы́　時計

【単語】

твой [複]＜твой	君の	слу́шать	聴く
Ми́ша [人名・男]	ミーシャ	конце́рт [男]	コンサート
экономи́ст [男]	経済学者	за́втракать	朝食をとる
то́же	〜もまた	ра́но	（時期が）早く
секрета́рь [男]	秘書	обы́чно	ふつう、通常

第 5 課

банк [男]	銀行	у́тром	朝に、午前中
Ка́тя [人名・女]	カーチャ	ве́чером	晩に
изуча́ть	研究する、勉強する	телеви́зор [男]	テレビ
япо́нский язы́к [男]	日本語	у́жинать	夕食・夜食をとる
язы́к [男]	言語、舌	разгова́ривать	会話する
повторя́ть	繰り返す、復習する	непра́вда [女]	うそ
глаго́л [男]	動詞	ча́сто	たびたび、よく
писа́ть (→p88)	書く	оши́бка [女]	誤り
объясня́ть	説明する	де́лать оши́бки	誤る
пра́вило [中]	規則	грамма́тика [女]	文法
мно́го	たくさん		

ミニ会話　CD23

А — Са́ша, э́то твои́ бра́тья и сёстры?

Б — Да, э́то мои́ бра́тья и сёстры.

А — Они́ все рабо́тают?

Б — Ми́ша рабо́тает. Он экономи́ст. Та́ня то́же рабо́тает. Она́ секрета́рь в ба́нке.
А Ка́тя ещё студе́нтка. Она́ изуча́ет япо́нский язы́к.

【和訳】

А — サーシャ、こちらが君の兄弟と姉妹かい。

Б — うん、ぼくの兄弟と姉妹だよ。

А — みんな働いているの。

Б — ミーシャは働いている、経済の専門家だ。ターニャも働いているんだ、銀行の秘書でね。カーチャはまだ学生で日本語を勉強しているんだ。

第 5 課

【練習】

Ⅰ．例にならって下線部を複数形に変えなさい。

　例　Студе́нт чита́ет журна́л.　→　Студе́нты чита́ют журна́лы.
　1．Студе́нт повторя́ет глаго́л.
　2．Студе́нтка писа́ла письмо́.
　3．Оте́ц чита́ет газе́ты.
　4．Учи́тель объясня́ет пра́вило.
　5．Э́тот япо́нец изуча́ет ру́сский язы́к.

Ⅱ．（　）内の動詞を現在形の適切な形にしなさい。
　1．Вчера́ мы рабо́тали мно́го, а сего́дня мы (отдыха́ть).
　2．Э́ти япо́нцы сейча́с (слу́шать) конце́рт в Большо́м теа́тре.
　3．Сего́дня она́ за́втракала ра́но. Сейча́с она́ уже́ (обе́дать).
　4．Что ты обы́чно (де́лать) у́тром?
　5．Вчера́ ве́чером студе́нтки смотре́ли телеви́зор, а сего́дня ве́чером (у́жинать и разгова́ривать).

Ⅲ．下の文をロシア語にしなさい。
　1．父親たちはそれがうそだと知っているが、子供たちは知らない。
　2．学生たちは文法でよく間違え（де́лать оши́бки）ます。
　3．ほとんどすべての女子学生が『カラマーゾフの兄弟』という長編を読んでいる。

пятьдеся́т де́вять　59

第 5 課

---
5 課のエッセンス

e 変化動詞の現在形—主語（の人称・数）と動詞の 6 つの異なる語尾「-ю, -ешь, -ет, -ем, -ете, -ют」がセットとなっている。現在形は状況に応じて進行中の意味を表わす。

　Она́ сейча́с отдыха́ет.　彼女はいま休養中です。

♣気軽に変化のコツを！

ロシア語は名詞や動詞が変化するので有名です。ここでは変化退治のコツと動詞の展望をみましょう。

Ⅰ．名詞変化の基準は末尾の文字（音）

これによって1）まず性が決まります。次に2）硬音・軟音（伝統的な名称。初めは硬いとか柔らかいと感じられなくても心配ご無用）の区別です。これは、名詞の末尾の文字が母音なら、ア行かヤ行か、子音字なら **-ь, -й** 以外（硬子音字）か、**-ь, -й** かの区別です。

	母音字			子音字
	女性名詞		中性名詞	男性名詞
硬音（ア行）	а	ы у э	о	й ь 以外
軟音（ヤ行）	я	и ю	е ё	й ь

　　　　　　　　↓
　　　　この音は変化のさいの交代要員。ただし、эは変化には使わない。

硬音グループの **биле́т, газе́та**、軟音グループの **музе́й, ста́нция** でみましょう。中性名詞は男性名詞とほぼ同じです。

辞書の見出しになっている語（主格）の末尾に注目します。

第 5 課

```
                    末尾が↓ (-ь, -й) 以外なら→        ↓ыをつける
男性   単数形   билéт                    複数形   билéты
               музéй                             музéи
                    ↑が -ь, -й →                ↑иに変える


                    ↓ がa                         ↓ыに変える
女性   単数形   газéта                   複数形   газéты
               стáнция                           стáнции
                    ↑ がя                         ↑иに変える
```

野球で巨人の選手が同じ巨人の選手と交代し、阪神は同じ阪神の選手と交代するように、末尾が硬音グループに属する名詞は、最後の文字が変わる（これが変化）さいに、硬音グループの音と交代するのです。軟音グループの場合も同じです。

- пáпа，дя́дя のように -a/-я に終わる男性名詞も最後が -a/-я ですから、газéта，недéля と同様に変化しпáпы，дя́ди となります。
- これからずれるのが、正書法の規則（→p22）に触れる場合です。

```
                                    複数形の規則では
              ↓が г к х ж ч ш щ      ↓ыが書かれるはずだが正書法で変わる
単数形  дéвушка         複数形  дéвушки
```

例外 ─ 前置詞格はなぜか硬音グループの名詞も軟音グループの -e となります。

最後に要注意なのが、下の1）と2）です。

1）アクセント移動 ─ 短い綴りの女性名詞と中性名詞の場合に多く起こります。特に規則はないので個別に覚えましょう。

стóл→複数 столы́   сестрá→複数 сёстры   слóво→複数 словá

2）o/e の消滅 ─ o/e＋単子音字の語には変化する際に o/e を落とすものがあります。このような o/e を出没母音と言います。

отéц   複数 отцы́ 父
 └→ を落として語尾の -ы をつける↑

шестьдеся́т оди́н

第 5 課

день　　　　　複数 дни「日」
　└→ を落として語尾の -и をつける↑

II．動詞の展望

　動詞の形は単純です。うれしいことに進行形や完了形というものはありません。過去形と非過去形しかありません。非過去形とは現在形と未来形のことです。未来形といってもじつは変化は現在形と同じなのです。一方、過去形の型は一つですから、みなさんは、**現在形さえ学べば動詞の時制はマスターしたも同然です。**

　さてその現在形は、規則動詞 ― e 変化と и 変化 ― とその他少数派に分かれます。e 変化動詞は動詞の50%以上を占めるだいじな型です。

　一般にロシア語の現在形は、英語の be 動詞 (am, is, are) に似ていて、主語の人称と数に応じた 6 つの異なる形になります。主語と動詞の末尾（これが語尾）はセットです。語尾で主語が分かりますので、話し言葉では主語がよく省かれ、会話がテキパキと進みます。

時制

　　　　　　　　　男性形　читáл
過去形 ― 型は一つ ― 女性形　читáла　　複数形　читáли
　　　　　　　　　中性形　читáло

現在形 ― 型は規則動詞（e 変化と и 変化）＋少数派
未来形 ― 変化の型は現在形と同じ（→p104）

　　　　型：e 変化 ―　語幹 ― 不定詞から -ть を取り除いた部分。
　　　　　　　　　　　この語幹に順番に語尾「-ю, -ешь, -ет, -ем, -ете, -ют」をつける

型：и変化— 語幹―不定詞から-тьとその前の母音を取り除いた部分。
この語幹に順番に語尾 「-ю, -ишь, -ит, -им, -ите, -ят」をつける　（→p77）

　不定詞と現在語幹が異なることがまれではないので、両方の形を正確に覚える必要があります。

УРО́К №6 (ШЕСТЬ)

1. — У вас есть де́ти? — Да, (у меня́) есть (де́ти).
2. — Та́ня, у тебя́ есть сего́дня свобо́дное вре́мя?
   — Да, (у меня́) есть (вре́мя). А что?
3. — Вот ваш ключ, пожа́луйста. Лифт там.
4. — Скажи́те, пожа́луйста, чьё э́то ме́сто? — Э́то моё ме́сто.

【単語】

у《前》～	～のそばに(→p66)	прекра́сный	素晴しい、最高の
у вас	あなたの所に	го́лос [男]	声
есть [不変化]	ある、いる	но́вый	新しい
у меня́	私の所に	после́дний	最後の
у тебя́	君の所に	маши́на [女]	車
свобо́дное	空いている、自由な	твой	君の
а что?	(問い返し)それがなにか	его́ [-vó]	彼の、それの
ключ [男]	鍵	её	彼女の
скажи́те, пожа́луйста	恐れ入りますが、教えてください	наш	私達の
		их	彼らの
чьё < чей	誰の	свой	自分の
моё < мой	私の	ка́жется [-tsa] [挿]	思われる、と感ずる
ме́сто [中]	席、場所		

第 6 課

【和訳】
1．「お子さんはいらっしゃいますか」「はい、おります」
2．「ターニャ、君、今日あいている時間ある？」「ええ、あるわ。でもどうして？」
3．「ほらこれがお客様の鍵です。エレベータはあちらです」
4．「すみません、これはどなたの席ですか」「これは私の席です」

ロシア人の名前

Мари́я Ю́рьевна Шара́пова —これが今をときめくシャラポワの正式名です。このようにロシア人の名前は**「名前 и́мя＋父称 о́тчество、姓 фами́лия」**の3点セットです。「個人名＋父称」が「様、殿、先生」などのように敬意をこめた言い方です。でも若い人には父称をつけては呼びません。さて、個人名ですが、**ты** で呼び合う仲では愛称や指小形が用いられ、愛情の濃さが愛称形をどんどん増やします。一方、**вы** で呼び合うときには「個人名＋父称」で呼ぶのが無難です。代表例を見ましょう。左が男性、右が女性名です。

正式名	愛称・指小形	正式名	愛称・指小形
Алекса́ндр	Са́ша / Шу́ра / Са́ня	А́нна	А́ня / Ню́ра
Алексе́й	Алёша	Ве́ра	Ве́рочка
Андре́й	Андрю́ша	Евге́ния	Же́ня
Васи́лий	Ва́ся	Екатери́на	Ка́тя / Катю́ша
Вита́лий	Ви́тя	Ири́на	И́ра
Влади́мир	Воло́дя	Любо́вь	Люба́
Ива́н	Ва́ня	Наде́жда	На́дя
Михаи́л	Ми́ша	Ната́лия	Ната́ша
Никола́й	Ко́ля	О́льга	О́ля
Пётр	Пе́тя	Светла́на	Све́та
Серге́й	Серёжа	Со́фья	Со́ня
Ю́рий	Ю́ра	Татья́на	Та́ня

шестьдеся́т пять

第6課

【解　説】

§1　所有の表現：「誰々（〜）にはAがある」
型：「у〜　А（もの）」　所有表現

「誰々にはAがある／いる」は下のように「前置詞 у〜　А」とします。「у〜〜のもとに」は本来場所を表わす表現です。

人称／数		単数形		所在・所有	複数形		所在・所有
1		я	私	у меня́	мы	私達	у нас
2		ты	君	у тебя́	вы	貴方,君達	у вас
3	男性	он	彼	у него́	они́	彼ら	у них
	女性	она́	彼女	у неё		彼女ら	
	中性	оно́	それ	у него́		それら	

кто　у кого́ 「誰には」などの -го の発音は [-vo] です。

「ある、いる」ことを質問、強調するときには есть という不変化形を用い、一方、「〜がない、いない」は нет を用いて表わします。これは「いいえ、ノー」を表わす нет と同じ形です。

　　　— У вас есть газе́ты?　　— Да, у нас есть газе́ты. / Да, есть. /
　　　Да. / Есть.　　　　　　あなた方には新聞がありますか？　はい、
　　　　　　　　　　　　　　（私どものところには新聞が）あります。

　　　— Нет, у нас нет.　　いいえ、私どものところにはありません。

存在するのが当然で、関心がそのものの存在ではなく、物の性質や数量に移っているときには есть は用いられません。

　　　У него́ прекра́сный го́лос.　彼は素晴しい声をしている。

§2 形容詞（1）нóвый と послéдний

型：形容詞の形→関係する名詞の性と数に応じた 4 つの形
　　　名詞を修飾する場合はふつう名詞の前におく

1. 形容詞には固有の性、数はなく、名詞の性と数に合わせた 4 つの形をとります。単数の場合、異なる 3 つの形（男性形、女性形、中性形）、複数ではすべて同じ形となります。
2. 形容詞の基本は 2 つ、нóвый（硬変化）型と послéдний（軟変化）型です。これは、下表の色字部分（語尾の最初の母音）の硬音・軟音の違いによる分類です。

		硬変化型	軟変化型	つながる名詞の例
単数形	男性形	-ый	-ий	дом
	女性形	нóв-ая	послéдн-яя	машúна
	中性形	-ое	-ее	слóво
複数形 3 性同じ		-ые	-ие	домá/машúны/словá
意味		新しい	最後の	家　車　単語

　　　　　　単数　　　　　　　　　　　複数
　　　性が異なると語尾も異なる　　　性が異なってもみな同じ形
　　　　　　↓　　　　　　　　　　　　↓
男性形　нóвый　дом　　　　　нóвые　домá　　新しい家
女性形　нóвая　машúна　　　нóвые　машúны　新車
中性形　нóвое　слóво　　　　нóвые　словá　　新しい単語

1）形容詞の代表は男性単数形で **-й** に終わり、辞書の見出しに用いられます。形容詞的変化をする語 э́тот, весь も代表は男性単数形です。

第 6 課

（今後初出のさいには形容詞類は男性単数形を表示します。）

2）主語を説明する用法（**述語的用法**）と名詞にかかる用法（**修飾語的用法**）があります。

  Э́тот дом но́вый. この家は新しい。 （述語的用法）

  но́вый дом   新しい家   （修飾語的用法）

🔺形容詞のコツ

 名詞の性のきめ手となった母音が形容詞の語尾になります。対照表で女性形は1＋1′で **-ая**、中性は5＋4′ **-ое**、男性は少し元気がよく、2＋2″ **-ый** と並べます。複数形は2＋4′ **-ые** とします（→p40の те）。

 一方、после́дний 型の語尾は но́вый 型の語尾の最初を対応の母音に変えるだけです。

				4 э	
硬母音字	1 **а**	2 **ы**	3 **у**		5 **о**
軟母音字	1′ **я**	2′ **и**	3′ **ю**		4′ **е**
					5′ **ё**
子音字		2″ **й**			
	女性	男性			中性

§3 所有形容詞［所有代名詞］

 所有形容詞は、人称代名詞の所有形「私の、君の、…」です。所有物の性と数に応じた形をとります。形容詞の一種ですが、語尾が形容詞とは一部異なります。

  мой 私の твой 君の его́ 彼の её 彼女の его́ それの

  наш 私たちの ваш あなたの их 彼らの

意味		私の	あなたの	彼の それの	彼女の それの	彼らの 彼女らの それらの	誰の
単数形	男性形	мо-й	ваш-				чей
	女性形	мо-я́	ва́ш-а				чья
	中性形	мо-ё	ва́ш-е	его́	её	их	чьё
複数形 三性とも同じ		мо-и́	ва́ш-и				чьи
同じ変化型の語		тво-й　сво-й 君の　　自分の	наш-				

　　— Извини́те, э́то, ка́жется, моё ме́сто. Вот мой биле́т.
　　　Ва́ше (ме́сто) там.
　　　すみません、これは私の席だと思うのですが。ほら私の切符です。あなたの（席）はあそこです。

1) **твой**「君の」、**свой**「自分の」は**мой**と同じ変化です。**наш**「私たちの」も**ваш**と同じ変化です。

　　例　твой　дом　　　君の家　　　наш　дом　　　私たちの家
　　　　твоё　письмо́　君の手紙　　на́ше　письмо́　私たちの手紙
　　　　твоя́　маши́на　君の車　　　на́ша　маши́на　私たちの車
　　　　твои́　роди́тели　君の両親　на́ши　роди́тели　私たちの両親

2) 三人称の所有形容詞は一切変化しません。

　　　　его́　дом　　　彼の家　　его́　маши́на　　彼の車
　　　　его́　письмо́　彼の手紙　его́　роди́тели　彼の両親

第6課

【ミニミニ辞典】《お名前は？》

ロシアでは相手の名前をよく呼びます。名前の尋ね方を覚えましょう。

Как вас зову́т？　お名前は？　　　　Меня́ зову́т А．　Аと言います
　呼び名を聞くとき　　　　　　　　呼んで欲しい名をAにします。

事務的に正式の名前を尋ねるときには下のように言います（→p65）。

Как ва́ша фами́лия?　姓を聞くとき　　Моя́ фами́лия X.
Как ва́ше и́мя?　名前を聞くとき　　Моё и́мя　　Y.
Как ва́ше о́тчество?　父称を聞くとき　　Моё о́тчество Z.

【単語】

сайт [男]	サイト	меня́ [対]＜я	私を
посмотре́ть [完]	見る、調べる	зову́т＜звать	呼ぶ（→p107）
что вы!	ご冗談を	о́чень	とても、非常に
жена́ [女]	妻	прия́тно	快適である、光栄である
кака́я	どのような（→p76）	как	どのように、いかに
краси́вый	美しい、きれいな	фами́лия [女]	姓
молодо́й	若い（→p75）	о́тчество [中]	父称
врач [男]	医師	Алекса́ндр Ива́нович Ивано́в [男]	男性名
у нас все	我々の所では皆	так	それでは
слова́рь [男]	辞書	преподава́тель [男]	（大学の）講師、先生
пальто́ [中・不変]	コート	почему́	なぜ
чемода́н [男]	トランク	потому́ что [ʃt-]	なぜならば
До́брый день!	こんにちは	интере́сный	興味深い、面白い
до́брый	善良な、よい	как ты ду́маешь?	～をどう思いますか

се́мьдесят

第6課

ミニ会話 　　　　　　　　　　　　　　　CD25

А — Э́то ваш сайт? Мо́жно посмотре́ть?

Б — Пожа́луйста.

А — Кто э́то? Э́то ва́ша дочь?

Б — Нет, что́ вы! Э́то моя́ жена́.

А — Кака́я краси́вая и молода́я! А кто она́?

Б — Она́ врач.

А — А э́то кто?

Б — Э́то мой па́па.

А — То́же краси́вый и молодо́й.

Б — А у нас все краси́вые.

【和訳】

А 「これあなたのサイトですか。見ていいですか」

Б 「どうぞ」

А 「この方はどなたですか。娘さんですか？」

Б 「いいえ、なにをおっしゃいます。これは私の妻ですよ」

А 「美人でお若いですねー。でどういう方ですか？」

Б 「医者です」

А 「では、こちらはどなたですか？」

Б 「これは私の父です」

А 「やはりハンサムでお若いですね」

Б 「うちは皆美人、ハンサムぞろいなんです」

【練習】

I. （ ）内の語を／の右の語に置き換えなさい。

　1. — Чей э́то (слова́рь)? — Э́то мой (слова́рь).

　　　　　　　　　　　／ стол, дом, ключ: маши́на, газе́та, сестра́:

се́мьдесят оди́н　71

第 6 課

       письмо́, пальто́: роди́тели, часы́, журна́лы

 2．— Что э́то там?　— Э́то (его́) чемода́н.　／ её, их, твой, ваш, наш

 3．— Что э́то там?　— Э́то (его́) маши́на.　／ её, их, твой, ваш, наш

 4．— Что э́то там?　— Э́то (его́) пальто́.　／ её, их, твой, ваш, наш

II．（　）内にмой, ваш, нашの適切な形を入れなさい。

 А.— До́брый день!　Меня́ зову́т Са́ша.

 Б.— О́чень прия́тно, а как (　) фами́лия?

 А.— (　) фами́лия — Ивано́в.

 Б.— А (　) о́тчество?

 А.— (　) о́тчество — Ива́нович.

 Б.— Вы Алекса́ндр Ива́нович Ивано́в. Так э́то вы (　) преподава́тель!

III．下の会話文の（　）内の語を適切な形に直しなさい。

 1．— Почему́ ты не чита́ешь э́ти кни́ги?　— Я не чита́ю э́ти кни́ги, потому́ что они́ не (интере́сный).

 2．— Почему́ вы изуча́ете ру́сский язы́к?　— Потому́ что он о́чень (краси́вый).

 3．— Как ты ду́маешь, э́то (но́вый) кафе́?

 4．— Как вы ду́маете, э́то (краси́вый) маши́на?

―― 6 課のエッセンス ――

1．形容詞には固有の性、数の形がなく、関係する名詞の性と数に応じて4つの形をとる。

2．所有の表現―場所の表現 у ～「～のそばに」を転用する。所有を確認、強調するときのみ есть を用いる。

 — У вас есть свобо́дное вре́мя?　— Да, есть.

        お暇はありますか。ええ、あります。

УРОК №7 (СЕМЬ)

1. — Кака́я сего́дня пого́да? — Сего́дня о́чень хоро́шая пого́да.
2. — Что сейча́с де́лает Та́ня? — Сейча́с она́ смо́трит Интерне́т.
3. — Вы говори́те по-ру́сски? — Да, (я) говорю́ (по-ру́сски).
4. Когда́ ру́сские де́ти спят в Москве́, япо́нские (де́ти) за́втракают в То́кио.

【単語】

пого́да [女]	天気	дере́вья [中・複] < де́рево	木
хоро́ший	よい	лю́ди [複] < челове́к	人々
Интерне́т [-te-][男]	インターネット	тако́й	そのような
по-ру́сски [-sk-]	ロシア語で	большо́й	大きい
говори́ть[и]	話す	рабо́чий	労働者、実働の
когда́	いつ、～のときに	по-япо́нски	日本語で
спят < спать[и]	眠っている	понима́ть	理解する
япо́нский	日本の	англи́йский	英語の、イギリスの
То́кио [男、不変]	東京 (→p98)	по-англи́йски	英語で
Толсто́й	(姓)トルストイ	неме́цкий	ドイツ(語)の
то́лстый	太っている	по-неме́цки	ドイツ語で
челове́к [男]	人間、男性	францу́зский [-sk-]	フランス(語)の
страна́ [女]	国	по-францу́зски [-sk-]	フランス語で

се́мьдесят три 73

【和訳】
1．「今日はどんな天気ですか」「今日はとてもよい天気です」
2．「ターニャはいま何をしていますか」「彼女はインターネットを見ています」
3．「あなたはロシア語が話せますか」「ええ、(私はロシア語を)話せます」
4．モスクワでロシアの子どもが寝ているとき、東京では日本の子どもが朝食を取っている。

【解　説】

§1　形容詞(2)—正書法適用型

型：語尾にアクセントを持つ形容詞→男性形 -óй

1．形容詞には語尾にアクセントを持つものがあります。その場合、男性形は -óй となります。そのほかの形は今まで学んだとおりです。
　　文豪 Толстóй と тóлстый「肥満した」を見ましょう。文豪の姓は、アクセントが語尾にある形容詞形なので -óй、一方、形容詞「肥満した」は語尾にアクセントがないので、тóлстый です。

			つながる名詞の例
単数形	男性形	-óй	человéк
	女性形	молод-áя	странá
	中性形	-óе	дéрево
複数形3性同じ		-ые	лю́ди / стрáны / дерéвья
意味		若い	人　　国　　木

型：語幹が г, к, х, ж, ч, ш, щ　←正書法適用

2．形容詞には語幹が г, к, х — に終わるもの（本来 нóвый 型）と ж, ч, ш, щ に終わるもの（本来 послéдний 型）があります。このような形容詞は、正書法の規則（→p22）のため、第6課で学んだ基本型とは語尾の一部がずれます。次の表で太字の部分がずれです。

第 7 課

		語幹-гкх	語幹-жчшщ	つながる名詞の例
単数形	男性形	-ий	-ий	язы́к
	女性形	ру́сск -ая	хоро́ш -ая	маши́на
	中性形	-ое	-ее	сло́во
複数形 3 性同じ		-ие	-ие	дома́/маши́ны/слова́
意味		ロシアの	よい	家　車　単語

3．како́й（тако́й）、большо́й のような疑問詞と形容詞は 1 ）アクセントが語尾にあり、 2 ）正書法が適用された結果、以下のような形となります。

		語尾にアクセント＋正書法		つながる名詞
単数形	男性形	-о́й	-о́й	дом
	女性形	как -а́я	больш -а́я	страна́
	中性形	-о́е	-о́е	де́рево
複数形 3 性同じ		-и́е	-и́е	дома́/стра́ны/дере́вья
意味		どのような	大きい	家　国　木

【発展】形容詞の型は、語幹末尾と男性単数の語尾の形から判断できます。но́вый, после́дний；ру́сский, хоро́ший；молодо́й, како́й（большо́йと同型）の合計 6 つの型があります。

§2　名詞として用いられる形容詞

　形容詞（含む所有形容詞）は固有の性を持ち、名詞扱いされる場合があります。とくに単数中性形は抽象名詞として用いられます。

　名詞扱いされても、変化は形容詞型のままです。

　　　ру́сский　ロシア人（男性一人）　ру́сская　ロシア人（女性一人）

рýсские　ロシア人（複数）　рабóчий　（主に肉体)労働者

столóвая　食堂　нóвое［中］新しいこと、ニュース

§3　名詞・形容詞の対格 (1)

物・事を表わす名詞（除く女性名詞単数）とそれにかかる形容詞は、主格がそのまま対格（〜を」〔直接目的語〕を表わす）形です。

　　　主格　　　　　　　　　　　　対格（〜を）

Рýсский язы́к［男］краси́вый.　　Я　изучáю рýсский язы́к.
　　　　ロシア語は美しい。　　　　　　ロシア語を学びます。

Это её письмó.［中単］　　　　　Вы　читáете её письмó?
　　　これは彼女の手紙です。　　　　　彼女の手紙を読んでいますか。

Это нóвые кни́ги.［女複］　　　　Они́ читáют нóвые кни́ги.
　　　これは新しい本です。　　　　　　新刊書を読んでいます。

§4　現在形 (2) и 変化動詞 ［第Ⅱ変化］

型：語幹：不定詞から -ть とその前の母音を除いた部分
　　これに「-ю, -ишь, -ит, -им, -ите, -ят」を順につける

不定詞が -ить に終わる動詞の大半が и 変化です。

不定詞 говор-и́ть 話す

	単数	語幹	語尾	複数	語幹	語尾
一人称	я	говор	-ю́	мы	говор	-и́м
二人称	ты	говор	-и́шь	вы	говор	-и́те
三人称	он/онá	говор	-и́т	они́	говор	-я́т

1．и 変化は、一人称単数形に т をつけても三人称複数形（они́ に続く形）になりません。

2．二人称単数形から二人称複数形まで語尾が и で始まります。

第 7 課

3．不定詞 ть の直前の母音にアクセントのある動詞は、アクセントが左側に移ることがあります。またいったん左側に移ったアクセントはそのままもとには戻りません。

смотре́ть → смотрю́　смо́тришь　смо́трит … 「見る」

▲注意：7 課以後、新出単語の欄では и 変化動詞の右肩に「и」とつけます。「и」のないものは е 変化と不規則変化です。

§ 5　ру́сский язы́к と по-ру́сски

ру́сский язы́к「ロシア語」と по-ру́сски「ロシア語で、ロシア風に、ロシア式に」は特定の動詞とセットで使われます。япо́нский язы́к 日本語、по-япо́нски など他の言葉も同様です。

| 知っている | знать | } ру́сский язы́к |
| 研究する、学ぶ | изуча́ть | |

話す	говори́ть	
読む	чита́ть	} по-ру́сски
書く	писа́ть	
理解する	понима́ть	

【ミニミニ辞典】

	～（язы́к）語	～語で
日本語	япо́нский	по-япо́нски
英語	англи́йский	по-англи́йски
ドイツ語	неме́цкий	по-неме́цки
フランス語	францу́зский	по-францу́зски

【単語】

прекра́сно	非常に素晴らしく	то	その場合は
наве́рное［挿］	きっと	мо́гут → мочь	できる（→p119）
секре́т［男］	秘密、秘訣	друг［男］	友人、親友
за《前》+対	～に対して	подру́га［女］	（女の）友達
комплиме́нт［男］	お世辞	зака́зывать	注文する

第7課

но	しかし	красный	赤い
если	(仮定)もしも	белый	白い
объяснить[и] [完]	説明する	грузинский	グルジア(語)の
просто	まったく、単純に	армянский	アルメニア(語)の
каждый	毎	дайте	ください
выучивать	暗記する、覚える	немного/немножко	少し

　ミニ会話　　　　　　　　　　　　　　　　　　　　CD27

А — Таня, вы прекрасно говорите по-английски. Наверное, у вас есть секрет.

Б — Спасибо за комплимент. Но не знаю.

А — Если это не секрет, объясните, пожалуйста, как вы изучаете английский язык.

Б — Просто я каждый день по-английски читаю и выучиваю новые слова. Если так делать, то все могут хорошо говорить. А вы как изучаете русский язык? Ведь вы тоже говорите по-русски прекрасно.

【和訳】

А 「ターニャ、英会話が素晴しいですね。おそらく何か秘訣があるのでしょう」

Б 「お世辞を言っていただきありがとう。でも分からないわ」

А 「もしも秘密でないなら、あなたの勉強方法を説明してください」

Б 「ただ毎日私は英語を読み新出単語を覚えているのです。もしそうするなら誰でも上手に話せるようになります。でもあなたのロシア語学習法はどうなんですか。だってロシア語会話とっても上手ですものね」

семьдесят девять　79

第7課

【練習】
Ⅰ．（ ）内に斜線の右にある語を入れて文を作り変えなさい。
 1．— Вы зна́ете, как ваш (сын) говори́т по-ру́сски? — Да, зна́ю. Он говори́т о́чень хорошо́.　　／друг, подру́га, де́ти, студе́нты, роди́тели
 2．— Вы говори́те (по-ру́сски)? — Да, мы говори́м (по-ру́сски).
　　　　　　　　　　　　　　／по-япо́нски, по-англи́йски, по-неме́цки, по-францу́зски

Ⅱ．（ ）内の語を適切な形に変えなさい。
 А — Что ещё зака́зываете?
 Б — У вас есть вино́?
 А — Есть.
 Б — (Како́й 複数形に) есть?
 А — (Кра́сный, бе́лый, грузи́нский, армя́нский 単数形で).
 Б — Да́йте, пожа́луйста, (грузи́нский, бе́лый 単数形で).
 А — Хорошо́.

Ⅲ．日本語をロシア語に直しなさい。
 1．「あなたは日本語が読めますか」「ええ、少し (немно́жко)。でも話すのはまだできません」
 2．あなたは日本語を話すのが上手ですね。もしも秘密でないなら、どういうふうに勉強しているのか教えてください。

第7課

赤の広場にある聖ワシーリー寺院（モスクワ）

―― 7課のエッセンス ――
1. и変化動詞は不定詞が ить に終わることが多い。語尾は -ю, -ишь, -ит, -им, -ите, -ят と変わる。
　Этот молодо́й ру́сский хорошо́ говори́т по-япо́нски.
　　　　　　　　　　このロシアの青年は日本語が上手だ。

2. 語尾に力点のある形容詞は男性形が -о́й となる。また語幹が г, к, х/ж, ч, ш, щ に終わる形容詞は正書法のために、基本型（но́вый 型、си́ний 型）とは語尾がずれる。
　Все ру́сские зна́ют Большо́й теа́тр.
　　　　　　　　　ロシア人ならみなボリショイ劇場を知っている。

во́семьдесят оди́н　81

УРОК №8 (ВОСЕМЬ)

CD28

1. Вы зна́ете но́вого студе́нта Серге́я? Он ка́ждое у́тро де́лает заря́дку.
2. Они́ меня́ не зна́ют, а я их зна́ю.
3. В суббо́ту я почти́ весь ве́чер сижу́ у компью́тера и пишу́ e-mail.
4. — Ты не хо́чешь есть? — Нет, (я) не хочу́ (есть).

【単語】

Серге́я < Серге́й	(男性名)セルゲイ	си́ний	紺色の、青い
у́тро [中]	朝	му́зыку < му́зыка [女]	音楽
заря́дка [女]	体操	понеде́льник [男]	月曜日
их < они́	彼らを	вто́рник [男]	火曜日
суббо́ту < суббо́та [女]	土曜日	среда́ [女]	水曜日
ве́чер [男]	晩、パーティ	четве́рг [男]	木曜日
компью́тер [-er][男]	コンピューター	пя́тница [女]	金曜日
хо́чешь < хоте́ть	～したい	ви́деть[и]	見る、見える
есть (→p220)	食べる	опозда́ние [中]	遅刻
мать [女]	母	здоро́вье [中]	健康
окно́ [中]	窓	дру́жбу < дру́жба [女]	友情
по́ле [中]	原、野原	обе́д [男]	ディナー、昼食

第8課

【和訳】
1．新入生のセルゲイをご存知ですか。彼は毎朝体操をしています。
2．彼らはぼくのことを知らない、でもぼくの方は彼らを知っている。
3．土曜日には私はほとんど一晩中コンピューターに向かってメールを書きます。
4．「君お腹がすいていないかい？」「いいえ、すいていません」

私のナホトカ

　その老人は名を名乗りながら、我こそ本物のロシア人だと胸を張った。すでに前歯もほとんどなく、ニッと笑うと顔がしわに埋もれてしまうほどの歳だった。
　ソ連末期、港では朝からプーンと酒臭い人夫が多いなかで、その老人だけがきびきびと働き、学生の私になにかとやさしくしてくれた。
　私たちはよく岸壁に並んで腰をかけお昼を食べたものだった。
　そんなあるとき、老人がふと言った。
「わしにもお前くらいのせがれがいたんだ」
「いたって был?」。
過去形や未来形が気になってしかたない頃で私は問い返した。
「死んだんだ поги́б.」
「どこで где?」。何気なく問い返した。
「日本との戦いで」
　老人も、私も、しばらくの間海のかなたを眺めていた。大空のなかを白いカモメがいくつもの輪を描いて飛んでいた。
　老人の名は Ива́н Ива́нович。港は Нахо́дка ナホトカ（発見、発見物という意味）。
　これが私にとって初めてのロシア体験である。

　　　　※поги́б 非業の死を遂げた＝was killed。イワン・イワーナヴィチ、ロシア人に典型的とされる名前

第 8 課

【解　説】

§ 1　名詞対格(2)—人・動物名詞と物・事名詞

1. 人と動物を表わす名詞のことを人・動物名詞、それ以外を物・事名詞として区別します。この区別は対格の形に関係します。
2. 対格は、動詞の直接目的語「～を」や時などを表わします。

    1）主格形＝対格形の場合。

    ①男性の物・事名詞　②中性名詞　③ -ь に終わる女性名詞

    　　実はこの対格形はすでに皆さんはおなじみです（→p77）。

    Мать［女性主格］понимáет дочь［女性対格］.

    　　　　　　　　　母は娘のことを理解している。

    2）主格形≠対格形の場合―男性の人・動物名詞と

    　　　　　　　　　　　女性名詞（-a/-яに終るもの）

男性人・動物名詞の末尾：(-й/ь) 以外の子音 ＋-a

　　　　　　　　　　　　(-й/ь)　　　-й/ьを→-я

女性名詞の末尾　　　：　　　　　-aを→-у

　　　　　　　　　　　　　　　　-яを→-ю

　　　主格　　　対格　　　　主格　　　対格
　　　гид　　　гид-а　　　Сергéй　　Сергé-я
　　　　　　　　↑　　　　　　　　　　↑
　　　　　　　аを付加　　　　　йをとってяを付加

Учи́тель［男性主格］хорошó понимáет писáтеля［男性対格］.

　　　　　　　　先生は作家のことをよく理解している。

Моя́ мáма［女性主格］понимáет её мáму［女性対格］.

　　　　　　　　私のママは彼女のママのことを理解している。

名詞	末尾の綴り		硬音		軟音	
	硬音	軟音	主格	対格	主格	対格
男性	-й, -ь以外の子音	-й / -ь	стол гид	стол гид-а	Серге́-й учи́тель	Серге́-я учи́тел-я
中性	-о	-е	сло́в-о	сло́в-о	по́л-е	по́л-е
女性	-а	-я / -ь	ма́м-а	ма́м-у	Та́н-я ночь	Та́н-ю ночь

§2 形容詞の対格 (2)

形容詞は関係する名詞に応じて変化します。男性の人・動物名詞（※印）と女性名詞に関係する場合、対格は主格とは異なる形になります。

名詞	末尾の綴り		硬音		軟音	
	硬音	軟音	主格	対格	主格	対格
男性形	-ый	-ий	но́в-ый	но́в-ый ＊ но́в-ого	си́н-ий	си́н-ий ＊ си́н-его
中性形	-ое	-ее	но́в-ое	но́в-ое	си́н-ее	си́н-ее
女性形	-ая	-яя	но́в-ая	но́в-ую	си́н-яя	си́н-юю

♣ 一般に変化形にのみ現われる г は [v] と読みます：но́вый→но́вого
сего́дня「今日」は歴史的には変化形です。

主格	対格
Э́то **но́вый** студе́нт. こちらが新入生です。	Я зна́ю **но́вого** студе́нта. 私は（この）新入生を知っています。
Э́то его́ **но́вое** письмо́. これが彼の新しい手紙です。	Я чита́ю его́ **но́вое** письмо́. 私は彼の新しい手紙を読んでいます。
Э́то его́ **но́вая** кни́га. これが彼の新しい本です。	Я чита́ю его́ **но́вую** кни́гу. 私は彼の新しい本を読んでいます。

во́семьдесят пять

第 8 課

§3 時、時間を表わす対格、曜日

1. 対格は時や期間を表わします。

　　　ка́ждый「毎～」のついた対格名詞は前置詞なしで時を表わします。
　　　ка́ждое у́тро　毎朝（に）　ка́ждый день　毎日（に）
　　　ка́ждое воскресе́нье　毎週日曜日（に）

　　　Ка́ждую суббо́ту мы отдыха́ем и слу́шаем му́зыку весь ве́чер.　毎週土曜日に私たちは休養し一晩中音楽を聴きます。

2. 曜日—副詞的な「～曜日に」は「в+曜日の対格」にします。

	曜日(略記)	曜日に
月	понеде́льник（Пн）	в понеде́льник
火	вто́рник（Вт）	во вто́рник
水	среда́（Ср）	в сре́ду
木	четве́рг（Чт）	в четве́рг
金	пя́тница（Пт）	в пя́тницу
土	суббо́та（Сб）	в суббо́ту
日	воскресе́нье（Вс）	в воскресе́нье

　　　— Како́й сего́дня день?　— Сего́дня суббо́та［主格］.
　　　　　今日は何曜日ですか。今日は土曜日です。

　　　В суббо́ту мы отдыха́ем и слу́шаем му́зыку.
　　　　　土曜日に私たちは休みながら音楽を聴きます。

第8課

§4 人称代名詞などの対格

主格	対格	主格	対格
я	меня́	мы	нас
ты	тебя́	вы	вас
он оно́ она́	его́ ィヴォー его́ её	они́	их
кто что	кого́ カヴォー что	э́тот э́тот	э́того※ ヴァ э́тот

人称代名詞は常に対格と属格（→p148）が同形です。三人称以外は所有の表現のときの前置詞 y に続く形と同じです。

主格
Э́то но́вый студе́нт.
　こちらが新入生です
Э́то но́вая студе́нтка.
　こちらが新入生です。
Э́то но́вые студе́нты.
　こちらが新入生です。

対格
Я его́ хорошо́ зна́ю.
　私は彼をよく知っています。
Я её хорошо́ зна́ю.
　私は彼女をよく知っています。
Я их хорошо́ зна́ю.
　私は彼らをよく知っています。

э́тот なども男性の人・動物名詞を修飾する場合対格は主格と異なる形になります（※印）。

§5 現在形 (3) 歯音変化 сиде́ть と хоте́ть

以下の１．２．３．は現在形のみ変則的な変化をします。

1. сиде́ть のように、и 変化動詞で語幹が д, т, с, з, ст（歯音）に終わるものは、一人称単数形（я に続く形）だけ д→ж, т→ч, с→ш, з→ж, ст→щ と変わります。このような変化型を歯音変化と言いま

す。

　　　　不定詞　　一人称単数　　二人称単数
　　　　сиде́ть　　я сижу́　　　　ты сиди́шь　　坐っている
　　　　ви́деть　　я ви́жу　　　　ты ви́дишь　　見える

2．писа́ть「書く」は変則的 e 変化型です。不定詞の сать の с が ш に変わります。

　　　　я пиш-у́　ты пи́ш-ешь　он / она́ пи́ш-ет　мы пи́ш-ем
　　　　вы пи́ш-ете　они́ пи́ш-ут

3．хоте́ть

хоте́ть は「〜が（対格）欲しい」あるいは不定詞をともない、「〜がしたい」を表わします。

変化は、単数が e 変化、複数が и 変化です。子音の交代（т ⇄ ч）とアクセント移動が特殊です。いったん左に移ったアクセントが、複数形で右に戻ります。このような動詞は、これとこれに接頭辞がついた動詞の 2 つだけです。

　　　　　　　　　　不定詞　хоте́-ть

	単数	語幹	語尾	複数	語幹	語尾
一人称	я	хоч	-у́	мы		-и́м
二人称	ты	хо́ч	-ешь	вы	хот	-и́те
三人称	он/она́	хо́ч	-ет	они́		-я́т

　　　— Вы хоти́те спать?　— Да, я о́чень хочу́ спать.
　　　「眠いですか」「ええ、私はとても眠いです」

第8課

【ミニミニ辞典】

対格を用いた文を覚えましょう（下線部が対格形です）。

Спаси́бо за всё!	色々ありがとうございました。
Спаси́бо за обе́д!	ご馳走になりました（ディナーのとき）。
Извини́те за опозда́ние.	遅れてすみません。
За Вас!	あなたのために乾杯！
За Ва́шу жену́!	奥さんのために乾杯！
За Ва́ше здоро́вье!	ご健康のために乾杯！
За дру́жбу!	友情のために乾杯！

【単語】

де́ти у вас	あなた（の所）の子ども	ста́рый	古い、老齢の
действи́тельно	事実、本当に	литерату́ра [女]	文学
нам＜мы	私たちに（とって）	ждать, жду, ждёшь	待つ
Что вы говори́те!	何をおっしゃる、ご冗談を	всегда́	いつも
до́чка [女]	娘	здра́вствуй [-stv-]	こんにちは
тако́й	（強め）そんな、たいへんな	звать, зову́, зовёшь	呼ぶ

ミニ会話

CD29

А — Ири́на, у вас есть де́ти?

Б — Да, есть: сын и дочь. А у вас де́ти есть?

А — Есть. То́же сын и дочь.

Б — Я ду́маю, что де́ти у вас о́чень хоро́шие.

А — Спаси́бо. Действи́тельно, они́ у нас прекра́сные. Мы понима́ем их, и они́ нас. Ка́ждый ве́чер дочь пи́шет нам e-mail. А у сы́на уже́ есть до́чка.

第8課

Б — Вы уже́ ба́бушка?!

А — Ну, да.

Б — Что вы говори́те! Вы така́я молода́я, а уже́ ба́бушка.

【和訳】

А 「イリーナ、お子さんいらっしゃるの」

Б 「ええ、います。息子と娘なんです。お宅にはお子さんいますか？」

А 「います。やはり息子と娘です」

Б 「お子さん方はとってもよいお子さんでしょうね」

А 「ありがとう。本当にうちの子供ったら素敵なの。私たちは子供のことを理解し、子供は私たちのことを理解してるし。毎晩娘は私たちにメールを書いてくるのよ。息子の方にはもう小さな娘がいてね」

Б 「ええっ、もうおばあちゃんですか」

А 「ええ、そうなの」

Б 「まさか！ そんなにお若いのに、もうおばあちゃんだなんて」

【練習】

Ⅰ．（ ）内の語を対格に変えなさい。

1．— (Что) вы де́лаете сейча́с? — Сейча́с я чита́ю (ру́сская газе́та).

2．— (Кто) вы ви́дите ка́ждый день? — Ка́ждый день я ви́жу на́шего (ста́рый учи́тель).

3．— (Что) вы изуча́ете в университе́те? — Мы изуча́ем (ру́сский язы́к и япо́нская литерату́ра).

4．— (Кто) вы ждёте? — Я жду (но́вый студе́нт и но́вая студе́нтка).

Ⅱ．（ ）内の語を対格に変えなさい。

第8課

1. Máма всегда́ понима́ет (мы).
2. Здра́вствуй! Как (ты) зову́т?
3. Э́то мой друг. (Он) зову́т Са́ша.
4. Э́то твоя́ подру́га? Как (она́) зову́т?
5. До́брый день! (Я) зову́т Та́ня. А как (Вы) зову́т?
6. Вчера́ мы ви́дели (они́) в теа́тре.

III. 日本語をロシア語に直しなさい。
1. 「大学では何を学びたいですか」「私は日本語とロシア文学を学びたいです」
2. 「あなたは長編（ромáны）を読みたくないですか」「読みたいです。そういうもの（их）を書いてみたいくらいです」
3. 「今日は日曜日だ、それでぼくらは家にいます（сиде́ть до́ма）」「毎週日曜日（ка́ждое воскресе́нье）にぼくらは家にいます」

8課のエッセンス

1. 人と動物を表わす名詞を人・動物名詞、それ以外を物・事名詞として区別する。

2. 男性の人・動物名詞の対格は主格とは異なる形である。一方、物・事名詞では、対格と主格が同形である。

девяно́сто оди́н　91

УРОК №9 (ДЕВЯТЬ)

CD30

1. — Зимо́й в Москве́ хо́лодно.
2. — Он то́лько что прочита́л её e-mail. — Он до́лго чита́л её e-mail.
3. — Ва́ши друзья́ рабо́тают и́ли у́чатся? — Все мои́ друзья́ у́чатся в университе́те.
4. Нам ещё тру́дно говори́ть по-ру́сски.

【単語】

зимо́й	冬に	тру́дно	難しい、困難だ
хо́лодно	寒い	мне＜я	私には
то́лько что	〜したばかり	интере́сно	興味深い、面白い
то́лько	のみ、だけ	у́лица［女］	通り
прочита́ть［完］	読み通す	дово́льно	十分に、かなり
до́лго	長く	совсе́м не	全く〜ない
друзья́＜друг［男複］	友人	пригото́вить[И]［完］	準備する、料理する
и́ли	あるいは	А́нна［女］	(女性名)アンナ
учи́ть[И]	教える、覚える	с《前》+具	〜と、話す
учи́ться[И] [-tsa]	在学中である	о《前》+前	〜について

【和訳】
1．冬、モスクワは寒いです。
2．彼は彼女のＥメールをたったいま読み終えました。彼はずっと彼女のＥメールを読んでいました。
3．「お友達は働いているのですか、学生さんですか」「友人はみな大学で学んでいます」
4．私たちにはロシア語を話すのがまだ難しい。

第 9 課

【解　説】

§1　無人称文［非人称文］

型：無人称文―主語なし　-oに終わる語　心身や自然界の状態

　主語「何が」を出さずに、漠然と「寒いなあ、難しい」などのように人の心身や自然界の状態を述べるのが無人称文です。この文では状態を引き起こす行為者（主語）は決して表わされません。述語は **-o** に終わる語がふつうです。この文は、英語で非人称の it が使われる文とふつう対応します。

　　　　Хо́лодно!　　　　寒いなあ！　　　　cf. It is cold.
　　　　Хорошо́!　　　　すばらしいなあ！

1. **意味上の主語**―寒さ暑さなどを体験する人は与格で表わします。
　　　　Мне хо́лодно.　　私は寒い。　　　　cf. It is cold for me.

2. **用法**―これらの述語に不定詞を添えれば、「～するのはすばらしい、興味深い」などの文になります。
　　　　Интере́сно изуча́ть ру́сский язы́к.
　　　　　　　　　　　　　　　　ロシア語を学ぶのは興味深いです。

3. **時制**―過去形は бы́ло、現在形はゼロ、未来形には бу́дет を添えます（→p104）。
　　過去　На у́лице **бы́ло хо́лодно.**　外は（通りは）寒かった。
　　現在　На у́лице 　　**хо́лодно.**　　外は（通りは）寒い。
　　未来　На у́лице **бу́дет хо́лодно.**　外は（通りは）寒いだろう。

【発展】強めの副詞を覚えましょう。

　о́чень 非常に、とても　дово́льно かなり、совсе́м не まったく～ない、о́чень хо́лодно とても寒い、совсе́м не хо́лодно 全く寒くない

§2　動詞の体［アスペクト］(1)

1． ロシア語では、ふつう日本語の一つの動詞に二つの動詞が対応します。例えば、「読む」、「料理する」には **прочита́ть** ［完］- **чита́ть**, **пригото́вить** ［完］- **гото́вить** が対応し、使い分けられます。

 1) Он **прочита́л** e-mail.　　Ｅメールを読み終えた（だから内容を知っているなどの完了・結果）。
  　А́нна **пригото́вила** обе́д.　アンナは昼食を作った（＝作り終えた）。
 2) Он **чита́л** e-mail.　　　Ｅメールを読んだ。読んでいた。
  　А́нна **гото́вила** обе́д.　　アンナは昼食を作った。作っていた。

 1）は、「〜してしまう、〜しちゃう」などのように、具体的一回の動作が完了・終了することとその結果を積極的に表わします。
 2）は、完了・終了とは関係なく単にある動作をしたか、しないか（動作の有無・種類）を述べたり、過程・進行中、未完了や反復などの意味を表わします。2）はしばしば**ча́сто**「しばしば」、**обы́чно**「ふつう」、**до́лго**「長い間」などの語句と用いられます。
  上の1）、2）の動詞は、それぞれ完了体（たい）、不完了体と言われます。中心的意味が同じ完了体動詞、不完了体動詞の組を体のペアと言い、辞典ではどちらか一方が見出しになります。

2．動詞は必ず完了体か不完了体のどちらかの体に属します。
 （本書では初出のさいには完了体動詞を［完］と記します。無印は不完了体です。既出の動詞（**купи́ть**, **посмотре́ть** 等以外）は不完了体です。）
3．完了体動詞は日本語の「〜してしまう、〜しちゃう」が丸ごと一つの動詞になったと考えられます。ニュアンスも近く、現在形が意味的には事実上未来を表わします。
4．完了体動詞も不完了体動詞も現在形などの作り方は同じです。

第 9 課

§3　-ся動詞

型：動詞本体末尾が　母音のときは -сь　を付加する
　　　　　　　　　　子音のときは -ся

動詞には -ся(-сь) に終わるものがあります。-ся(-сь) は、英語の teach youself の yourself のように、本来「自分自身を」「自分自身に」を意味し、動詞を自動詞、再帰動詞などにします。
1．-ся(-сь) がついても変化や動詞の体(たい)は変わりません。
2．-ться, -тся は [-tsa] と発音し、その他は文字通りの発音です。

不定詞 учи́ться 学ぶ、習う

一人称	я	учу́-сь	мы	у́чим-ся
二人称	ты	у́чишь-ся	вы	у́чите-сь
三人称	он	у́чит-ся	они́	у́чат-ся

Он у́чит её чита́ть.　　　　　　　彼は彼女に読み方を教えている。
Э́тот студе́нт хорошо́ у́чится.　　この学生はよく学んでいる(＝成績がよい)。

§4　名詞格変化のポイント

日本語で「弟（ママ）の、弟（ママ）に、弟（ママ）を」のように助詞が変わるとき、ロシア語では語の末尾が変わります。これが**格変化**です。ただし、日本語の助詞は「弟」の後でも「ママ」でも同じ形ですが、ロシア語では、格変化のパターンは何通りかあり、そのパターンを決定するのが、名詞の性と末尾の硬音・軟音の区別なのです。

	主な役割	意味の近い助詞
主格	主語	～が、は
属格	帰属、属性	～の
与格	被害者、受益者	～に
対格	直接目的語、時	～を
具格	道具、随伴	～によって、で
前置詞格	前置詞による	（つねに前置詞に続く格です）

主	Это его	брат	(мáм-а). 彼の弟（ママ）です。
属	Это дом	брáт-а	(мáм-ы). 弟（ママ）の家です。
与	Это письмó	брáт-у	(мáм-е). 弟（ママ）に宛てた手紙です。
対	Я знáю егó	брáт-а	(мáм-у). 彼の弟（ママ）を知っています。
具	Я разговáривал с	брáт-ом	(мáм-ой). 弟（ママ）と話しました。
前	Я дýмаю о	брáт-е	(мáм-е). 弟（ママ）のことを思っています。

1．**男性名詞**—硬子音（-й/ь以外の子音）に終わるものには

    -а, -у, -а, -ом, -еを付加し、

    軟子音（-й/ьに終わるもの）は、-й/ь を

    -я, -ю, -я, -ем, -еに変えます。

2．**女性名詞**—-а に終わるものは -а を-ы, -е, -у, -ой, -е

    -я に終わるものは -я を-и, -е, -ю, -ей, -е に変えます。

    -ьに終わるものは -ьを-и, -и, -ь, -ью, -и

男性名詞も女性名詞（中性名詞も）も主格が硬音に終わるものは、他の格の語尾も同じ硬音グループの母音と「選手」交代します。主格が軟音の場合も軟音グループと交代です。

例外は前置詞格だけで、硬音に終わる名詞も語尾が-eになります。

男性名詞の対格を例にしましょう。

第 9 課

硬子音に終わる男性名詞　　　軟子音に終わる男性名詞
主格　　　　対格　　　　　　主格　　　　対格
гид　　　　гид-**а**　　　　　Сергéй　　　Сергé-**я**
　↑　　　　　↑　　　　　　　↑　　　　　　↑
硬音グループの **а** を付加　　軟子音 **й** を除き軟母音字 **я** を付加

		主格	属格	与格	対格	具格	前置詞格	意味
男性	硬音	гид	гида	гиду	гида	гидом	гиде	ガイド
		стол	столá	столý	стол	столóм	столé	机
	軟音	музéй	музéя	музéю	музéй	музéем	музéе	博物館
		учитель	учителя	учителю	учителя	учителем	учителе	教師
女性	硬音	газéта	газéты	газéте	газéту	газéтой	газéте	新聞
	軟音	недéля	недéли	недéле	недéлю	недéлей	недéле	週

1．男性の人・動物名詞は属格と対格が同形（例 гид）です。物・事名詞は主格と対格が同形（例 стол）です。
2．1）女性名詞は与格と前置詞格が同形です。
　　2）**-ь**に終わる女性名詞は特別な変化をします（→p217）。

♣　末尾が **-o/-e** の外来語には格変化しないものがあります：
метрó「地下鉄」、Тóкио「東京」、кафé「カフェ」

第9課

【単語】

вку́сный	おいしい	вку́сно(→p139)	おいしいです
прекра́сно (→p139)	最高に	обы́чный	ありふれた
борщ [男]	(料理)ボルシチ	раз [男]	回、ещё ～もう一度
да	～でしょう？	тепло́	暖かい
рожде́ние [中]	誕生	к сожале́нию[挿]	残念ながら
пра́здничный [-zn-]	お祭りの	сли́шком	過度に
гриб [男]	キノコ	дли́нный	長い
сала́т [男]	サラダ	соверше́нно	完全に
необыкнове́нно	ことのほか	ве́рно	正しいです

ミニ会話 CD31

А — Како́й вку́сный борщ! Вы прекра́сно пригото́вили обе́д.

Б — Спаси́бо.

А — Вы ча́сто гото́вите, да?

Б — Не так ча́сто. Но сего́дня у вас день рожде́ния, и я пригото́вила пра́здничный обе́д.

А — Стол о́чень краси́вый, и бе́лые грибы́, кра́сное вино́, и, коне́чно, сала́т и борщ, всё необыкнове́нно вку́сно!

Б — Ну, что вы! Э́то обы́чный ру́сский обе́д.

А — Ещё раз спаси́бо за обе́д.

【和訳】

А 「おいしいボルシチだなー。ディナー、最高の出来だね」

Б 「ありがとう」

А 「しょっちゅう料理しているのでしょう」

Б 「それほど頻繁でもないです。でも今日はあなたの誕生日なので、ごちそうを作ったの」

девяно́сто де́вять 99

第9課

A 「テーブルは美しいし、白きのこも赤ワインももちろんサラダにボルシチ、みんな格別おいしい」

Б 「まさか。これはふつうのロシアのお昼ですよ」

A 「改めてディナーのお礼を言います」

【練習】

Ⅰ. 文を過去形と未来形にしなさい。бы́ло か бу́дет を入れればよい。

1. Зимо́й в Москве́ хо́лодно, а в То́кио тепло́.

2. Интере́сно учи́ться в университе́те.

Ⅱ. 下の完了体、不完了体の用法について考えなさい。

А — Яма́да-сан, вы чита́ли (不完了体) рома́н《Бра́тья Карама́зовы》?

Б — Да, чита́л (不完了体).

А — Вы его́ прочита́ли (完了体)?

Б — Нет, к сожале́нию, не прочита́л (完了体). Он сли́шком дли́нный.
    Но я зна́ю, что о́чень интере́сно чита́ть (不完了体) ру́сскую литерату́ру.

А — Да, соверше́нно ве́рно.

Ⅲ. ( ) 内に её сестра́/ его́ брат の適切な形を入れなさい。

1. — Кто э́то? — Э́то (   ).

2. — Чей э́то дом? — Э́то дом (   ).

3. Э́то письмо́ (与格で).

4. Вы зна́ете (   )?

5. Я разгова́ривал с (   ).

6. Я ду́маю о (   ).

第9課

夜のクレムリン（モスクワ）

---9課のエッセンス---

1．無人称文—主語を表に出さないで、人間の心身の状態や自然界の状態を表わす文。過去形は бы́ло、未来形には бу́дет を添えて作る。
　　Мне бы́ло о́чень прия́тно с ва́ми.
　　　　　　　　　　　　ご一緒できてとても楽しかったです。

2．動詞の体—動作を完了・終了することを積極的に表現するのが完了体でそうでないものを不完了体という。中心的な意味が同じ不完了体、完了体の動詞はペアとなる。

УРОК №10 (ДЕСЯТЬ)

CD32

1. — Где ты бу́дешь за́втра? — За́втра я бу́ду в лесу́ на да́че.
2. — Что вы бу́дете де́лать за́втра? — (За́втра я) бу́ду подраба́тывать в суперма́ркете.
3. Вы бу́дете за́втракать и обе́дать в рестора́не на второ́м этаже́.
4. — Здесь продаю́т биле́ты в теа́тр.

【単語】

бу́дешь, бу́ду → p104		год [男]	年
за́втра	明日	шкаф [男]	ロッカー、たんす
лес [男]	森	аэропо́рт [男]	空港
да́ча [女]	別荘	извини́те	すみません
суперма́ркет [男]	スーパーマーケット	бо́льше не бу́ду	もうしません
второ́й	二番目の	меню́ [中・不変]	メニュー
эта́ж [男]	階	брать, беру́, берёшь	とる、入手する
продава́ть	売る (→p107)	пра́здник [-zni-] [男]	祝日
биле́т в теа́тр [男]	劇場の切符	дава́ть, даю́, даёшь	与える (→p107)
клуб [男]	クラブ		

сто два

【和訳】
1．「明日、君はどこに行くの（いるの）？」「明日、ぼくは森の別荘へ行きます（います）」
2．「明日、あなたは何をしますか」「（明日私は）スーパーでバイトです」
3．皆さんは二階のレストランで朝食と昼食を取ることになります。
4．ここでは劇場の切符が売られています。

第10課

【解　説】

§1　未来形

1. **動詞 быть**

   型：**быть の未来形―場所　「〜にいる（ある）でしょう」**

   быть（英語の be 動詞）の未来形は、быть を e 変化させて作りますが、я と они の場合語尾が -ю，-ют ではなく、-у，-ут になります。

   不定詞 бы-ть

	単数	語幹　語尾	複数	語幹　語尾
一人称	я	-у	мы	-ем
二人称	ты	бу́д -ешь	вы	бу́д -ете
三人称	он	-ет	они́	-ут

   За́втра я бу́ду в клу́бе.　明日、私はクラブにいます。
   Конце́рт бу́дет хоро́ший.　コンサートは素敵でしょう。

   ♠ **быть** の未来形は日本語では「いるでしょう、あるでしょう、行くでしょう、行きます、来ます、来るでしょう」と訳します

   — Вы за́втра бу́дете в университе́те?　— Да, (я) бу́ду.
   　　明日あなたは大学に来ますか。はい、来ます。

2. **一般動詞の場合（合成未来形）**

   型：**быть の未来形＋不完了体一般動詞の不定詞　「〜するでしょう、するつもりです」**

   — Что вы бу́дете де́лать за́втра?　— За́втра я бу́ду чита́ть.
   明日あなたは何をしますか。明日は読書をします／する予定です。

▲完了体動詞は、現在形がすでに「読んでしまう」のように未来に完了・終了する動作を表わすので、未来形はありません。

§2 第二前置詞格

男性名詞には -e 以外に -ý/-ю́ に終わる前置詞格をもつものがあります。これは前置詞 в, на に続く物・事名詞に限られます。これを第二前置詞格と言います。この -ý/-ю́ には必ずアクセントがあります。

  лес → в лесу́ 森の中で шкаф → в шкафу́ ロッカーに
  год → в году́ 一年に аэропо́рт → в аэропорту́ 空港で
  За́втра бу́дет воскресе́нье, и мы бу́дем в лесу́ на да́че.
       明日は日曜日で、私たちは森の別荘に行きます。

§3 代名詞、形容詞と что, кто の格変化 (1)

1. まず я, вы, он, оно́ の変化を覚えましょう。

	主格	属格	与格	対格	具格	前置詞格
一人称単数	я	меня́	мне	меня́	мной	мне
二人称複数	вы	вас	вам	вас	ва́ми	вас
三人称単数	он	(н)его́	(н)ему́	(н)его́	(н)им	нём
	оно́	(н)его́	(н)ему́	(н)его́	(н)им	нём

1) 人称代名詞は属格と対格がつねに同形です。
2) 三人称の人称代名詞が前置詞に続くときには н- を前綴りします。
  つねに前置詞に続く前置詞格にはあらかじめ н- が綴られています。
3) 前置詞＋мне/мной には特殊な形になる場合があります。
  ко мне́ (← к)　私の方へ、со мной (← с)　私とともに、обо мне́ (← о)　私について

第10課

Мои́ роди́тели всегда́ ду́мают обо мне́.
　　　　　　　　　私の両親はいつも私のことを考えてくれる。

2．形容詞の基本型を次の順で覚えましょう。

1）軟変化型

	主格	属格	与格	対格	具格	前置詞格
男性形	си́ний	си́него	си́нему	си́него/-ий※	си́ним	си́нем
中性形	си́нее	(男性形に同じ)	(男性形に同じ)	си́нее	(男性形に同じ)	(男性形に同じ)
女性形	си́няя	си́ней	си́ней	си́нюю	си́ней	си́ней
疑問詞	что	чего́	чему́	что	чем	чём

① он と си́ний の変化語尾はほぼ同じです。
② си́ний の語尾の始め -и, -e を対応の硬母音 -ы, -o にすると но́вый の語尾になります。

2）硬変化型

男性形	но́вый	но́вого	но́вому	но́вого/-ый※	но́вым	но́вом
中性形	но́вое	(男性形に同じ)	(男性形に同じ)	но́вое	(男性形に同じ)	(男性形に同じ)
女性形	но́вая	но́вой	но́вой	но́вую	но́вой	но́вой
疑問詞	кто	кого́	кому́	кого́	кем	ком

中性形は、主格と対格 си́нее, но́вое 以外は男性形と同じです（→p218）。
※印は、人・動物名詞を修飾する場合には属格と同形。物・事名詞を修飾する場合は主格と同形の意味です。

第10課

覚えたい言い方

1．何かまずいことをしてしまい、何はともあれ、とりあえず「**すみません、もうしません**」とお詫びするときは、**Извини́те, бо́льше не бу́ду.** と言います。

2．レストランでは、この課の表現を用いて、注文ができます。
　— **Вот меню́, что вы бу́дете брать?**
　　　　　　　　　「はいメニューです、何を注文なさいますか」
　— **Борщ.**　「ボルシチをお願い」
　— **Что ещё бу́дете зака́зывать?**　「他にご注文は」

3．最後にことわざをひとつ
　И на на́шей у́лице бу́дет пра́здник.
　　　　　　　　　私たちの所だっていいことがあるよ。

---

§4　現在形(4) **дава́ть** 型

動詞 **про-дава́ть**「売る」のように、不定詞が **-вать** に終わる動詞のほとんどは変則的e変化です。現在形は、不定詞から **вать** を除き、これに -ю, -ёшь, -ёт, -ём, -ёте, -ют を順につけます。

過去形は規則どおりです。

　　　　дава́ть（与える）： я　да-ю́　　ты да-ёшь　　он/она́ да-ёт
　　　　　　　　　　　　　　мы да-ём　　вы да-ёте　　они́　да-ю́т

§5　三人称複数文

型：主語なし―動詞を三人称複数形（過去形では複数形）→動作に焦点

主語を用いず動詞を三人称複数形（過去形では複数形）にする文があります。これを三人称複数文と言います。この無主語文は、誰（動作を行う人）がではなく、何（どのような動作）が行われるかに焦点を当てるため

сто семь　107

第10課

に用いられます。日本語では受身的に訳すとなじみやすくなります。

主語 они が仮にあると思って動詞の形を整え、最後に они を消すのがこの文のコツです。

Здесь говорят по-японски. ここでは日本語が通じます＜話されています。（誰が話すかよりも日本語が話されることが重要）

【単語】

Арба́т [男]	（モスクワの通りの名前）	чай [男]	（紅）茶
по 《前》＋与	手段、範囲を示す	спра́шивать	くれという、尋ねる
ра́дио[-о][中・不変]	ラジオ	пить, пью, пьёшь	飲む
передава́ть	放送する、渡す	купа́ться [-tsa]	水浴する
зави́довать, -дую＋与	うらやむ	загора́ть	日焼けする
пообе́дать [完]	ディナー・昼食をとる	помога́ть＋与	手伝う
вме́сте	一緒に	расска́зывать	物語る
свобо́дный	暇な、空いている	пока́зывать	示す、表す
экску́рсия [女]	見学旅行	Шара́пова [女]	（女性の姓）シャラポワ
Кремль [男]	モスクワのクレムリン	же́нщина [女]	婦人、女性
экза́мен [男]	試験		

ミニ会話

CD33

А — Что вы бу́дете де́лать за́втра?

Б — Бу́дем обе́дать в «Лесу́».

А — Э́то на ста́ром Арба́те и́ли на Но́вом?

Б — На Но́вом.

А — По ра́дио передава́ли, что в э́том рестора́не вку́сно гото́вят. Я вам зави́дую.

Б — А вы не хоти́те пообе́дать вме́сте с на́ми?

第10課

【和訳】

A 「明日お二人は何をなさいますか」
Б 「『森』でディナーを取る予定です」
A 「それは旧アルバート通り（にある）のですか、それとも
　　新アルバート（にある）のですか」
Б 「新アルバートです」
A 「ラジオでそのレストランは料理がうまいと放送していましたよ。
　　うらやましいな」
Б 「私たちと一緒にディナーを食べませんか」

【練習】

I．（　）内の語を / の右の語に変え、文を書き変えなさい。

1．За́втра (я) весь день бу́ду до́ма. / ты, она́, мы, вы, они́

2．— Что вы бу́дете де́лать в свобо́дный день? — Бу́ду (чита́ть) до́ма. / смотре́ть телеви́зор, гото́вить

II．（　）内の語を適切な未来形に変えなさい。

1．— За́втра вы (быть) отдыха́ть? — Нет, я (быть) рабо́тать.

2．В воскресе́нье у нас (быть) экску́рсия в Кремль.

3．— За́втра у вас (быть) экза́мены? — Да, (быть).

4．Вы зна́ете, како́й день (быть) за́втра?

5．Вы чай спра́шивали? (быть) пить? (車中で)

6．Когда́ (быть) больша́я ста́нция? (車中で)

7．В лесу́ мы (быть) купа́ться и загора́ть.

сто де́вять　109

第10課

Ⅲ.（ ）内に его но́вый студе́нт と её но́вая студе́нтка の適切な形を入れなさい。

1．— Вы зна́ете, кто э́то? — Зна́ю. Э́то (　　).
2．— Чьего́ бра́та* вы зна́ете? — Я зна́ю бра́та (　　).
　　*Чьего́ бра́та [属格] < Чей брат
3．— Кому́ вы помога́ете? — Я помога́ю (　　)
4．— Кого́ вы ви́дели в Большо́м теа́тре? — Я ви́дел (　　).
5．— С кем вы бы́ли в лесу́ на да́че? — Я был с (　　)
6．— О ком вы ча́сто расска́зываете дру́гу? — Я ча́сто расска́зываю дру́гу о (　　).

Ⅳ.日本語と同じ意味になるように（ ）内の語を変化させなさい。

1．По телеви́зору (пока́зывать) Шара́пову.
　　　　　テレビにシャラポワが映されている。
（放映しているのはテレビ局の人であるがそれは問題にならない）
2．(Говори́ть"), что за́втра бу́дет хоро́шая пого́да.
　　　　　明日はよい天気になるそうだ。
3．В рестора́не "То́кио" вку́сно (гото́вить").
　　　　　レストラン「東京」は料理がおいしい。
（料理を作るのはコックさんに決まっているのであえて言う必要がない）
4．У нас не (кури́ть"). 　タバコはお控えください
　　　　　（私達のところではタバコはすいません）

第10課

> **10課のエッセンス**
>
> 1. 英語の be 動詞に当たる быть の未来形「〜にいる（ある）でしょう」の変化は、я бу́ду, ты бу́дешь, он бу́дет, мы бу́дем, вы бу́дете, они́ бу́дут.
>
> 2. 不完了体一般動詞の未来形「〜するでしょう、するつもりです」は、быть の未来形＋一般動詞の不定形。完了体動詞は、現在形が未来の意味を表わし、未来形はない。
>   Что вы бу́дете пить？　お飲物は何になさいますか。

▲変化のコツ―格変化と動詞の時制

Ⅰ　語形変化は学習の大きな峠ですが、越えるコツがあります。それは、まず「骨組」をしっかりつかむことです。他の形はそこから自然に出てきます。

　　カメレオンは体色を周囲の色に合わせますが、名詞にかかる単語（形容詞、順序数詞、指示形容詞など）の形は、名詞の性・数・格に合わせます。ただしカメレオンとは異なり、これらの語の性・数・格の形は、名詞とはふつう同じにはなりません。

例	男性	男性	女性
	形容詞 名詞	形容詞 名詞	形容詞 名詞
主格	э́тот интере́сный сайт	э́тот интере́сный челове́к	э́та интере́сная кни́га (же́нщина)
対格	э́тот интере́сный сайт	э́того интере́сного челове́ка	э́ту интере́сную кни́гу (же́нщину)
	この面白いサイト	この面白い人	この面白い本（女性）

　　　　　　同じ女性対格←――女性対格
　　　　　　↓　　　↓　　　↑
　　　　　э́ту　интере́сную　кни́гу　(же́нщину)

сто оди́ннадцать　111

第10課

> Я зна́ю э́тот интере́сный сайт / э́того интере́сного челове́ка / э́ту интере́сную кни́гу (же́нщину).
>
> 私はこの面白いサイト／この面白い人／この面白い本（女性）を知っている。

　上は、すべて「この面白い〜」という意味ですが、形容詞は名詞 сайт, челове́к, кни́га, же́нщина の末尾の形＝性に合わせて э́тот интере́сный, э́та интере́сная という形になっています。

　対格はどうでしょうか。зна́ю の目的語の対格では、同じ男性名詞でも「サイト」と「人」とでは形が変わります。これは、人・動物か物・事かによりズレが生じるからです。もっとも、なぜか女性名詞は人間（女性）でも物（本）でも同じ形です。不思議ですね。

　このように、名詞にかかる形容詞の形は、名詞の性・数・格（人・動物か物・事かの区別）と同調して初めて一つのまとまった意味となるのです。ロシア語は、単語を単に並べるだけではナンセンスなのです。

II 　動詞の時制　быть 及び一般動詞（まとめ）

　　動詞には過去形、現在形、未来形はありますが、進行形という形はありません。

1 ．быть の1）過去形、2）現在形、3）未来形は下のとおりです。現在形では быть は用いません。
　　1）Вчера́ я был / была́ весь день до́ма.　昨日家に一日中いました。
　　2）Сего́дня я весь день до́ма.　　　　　今日は家に一日中います。
　　3）За́втра я весь день бу́ду до́ма.　　　あすは家に　日中います。

2 ．一般動詞の場合
　　過去形を作るときには быть, был などを用いません。動詞そのも

のが形を変えます。
1) **完了体動詞の場合**
　　過去形　Вчера́ он прочита́л рома́н.
　　　　　　　昨日彼は長編小説を読んだ（読み終えた）。
　　現在形　Она́ сейча́с прочита́ет письмо́.
　　　　　　　彼女はいま手紙を読んでしまいます。
　　未来形　なし
2) **不完了体動詞の場合**
　　過去形　Вчера́ она́ чита́ла.　　　昨日彼女は読書しました。
　　現在形　Она́ сейча́с чита́ет.　　彼女はいま読書しています。
　　未来形　За́втра она́ бу́дет чита́ть.　あす彼女は読書します。
　　　　　　　　　　　　　　　　　　（読破するかは不明）

プーシュキンの詩で有名な「青銅の騎士」像（サンクト・ペテルブルグ）

сто трина́дцать　113

УРОК №11 (ОДИННАДЦАТЬ)

1. Дáйте мне, пожáлуйста, кóфе.
2. Бу́дьте добры́, скажи́те, пожáлуйста, как по-ру́сски 《каги》?
3. У меня́ к вам (есть) больша́я прóсьба. Вы мне не помóжете?
4. — Вам нра́вится ката́ться на скейтбóрде? — Да, (мне) óчень (нра́вится).

【単語】

Да́йте мне ~	私にください	вéсело	陽気で、楽しい
кóфе [男・不変]	コーヒー	вечери́нка [女]	パーティ、コンパ
бу́дьте добры́	お願いします	петь, пою́, поёшь	歌う
к《前》+与	~に対して、~へ	гру́стно [-sn-]	憂鬱である
прóсьба [女]	お願い	звони́ть и+与	電話する
помóчь [完]+与	手伝う、助力する	дари́ть и+与+対	プレゼントする
нра́виться и [-tsa]+与	気に入る	покупа́ть+与+対	買う
ката́ться [-tsa]	すべる	телефóн [男]	電話
скейтбóрд [男]	スケートボード	рабóта [女]	仕事
здра́вствовать [-stv-]	健康である	бы́стро	速く
извини́ть и [完]	許す	éхать, éду, éдешь	乗って動く
сказа́ть, скажу́, ска́жешь [完]	言う	повтори́ть и [完]	繰り返す
вéрить и +与	信ずる	вопрóс [男]	質問、問題
себя́	自分自身を	люби́ть и	愛する
путь [男・例外的]	道、進路	понра́виться и [-tsa]	[完]気に入る

【和訳】
1．すみません、私にコーヒをください。
2．すみません、ロシア語で「鍵」はどう言いますか。
3．あなたにたってのお願いがあるのですが。手伝っていただけないでしょうか。
4．「スケボーは気に入っていますか」「ええ、とっても」

第11課

【解　説】

§1　動詞の命令形

型：命令形　動詞の現在語幹＋「い」の音色（-й, -и / -ь）
　　　　　現在語幹は三人称複数形－語尾-ют（ут）/-ят（ат）

今まで習った挨拶 здра́вствуйте, извини́те；скажи́те, пожа́луйста；бу́дьте добры́ が、実は、それぞれ здра́вствовать「健康である」、извини́ть「許す」、сказа́ть「言う」、быть「である」の命令形なのです。ここでは命令形の作り方を学びましょう。

不定詞	三人称複数形	現在語幹	アクセント	й и ьを付加
1. чита́ть	чита́-ют	母音に終わる	不問	чита́-й
2.1) говори́ть	говор-я́т	子音に終わる	語尾にある	говор-и́
2) ве́рить	ве́р-ят		語幹にある	вер-ь

現在語幹とは、動詞の現在変化のさいに変わらない部分で、三人称複数形から -ют（ут）/-ят（ат）を除いた部分です。

命令形のアクセントは一人称・単数形と同じです。

1．現在語幹が母音で終わる動詞→現在語幹＋ -й
　　чита́-ть: чита́-ю, чита́-ешь, ..., чита́-ют→чита́-й　読みなさい
2．現在語幹が子音に終わる動詞―アクセントの位置によって2つの場合に分かれます。
　1）一人称単数形のアクセントが語尾にある動詞→現在語幹＋ -й
　　　говор-и́-ть: говор-ю́, говор-и́шь, ..., говор-я́т→говор-и́　話しなさい
　2）一人称単数形のアクセントが語幹にある動詞→現在語幹＋ -ь
　　　ве́р-и-ть: ве́р-ю, ве́р-ишь, ..., ве́р-ят→вер-ь　信じなさい

🌲注意：

1）вы に対する命令形は、前記の形に **-те** を付けます。

  чита́й**те**   говори́**те**   ве́рь**те**
  読んでください 話してください 信じてください

2）дава́ть-дать［完］「与える」は現在語幹ではなく、不定詞から作ります。

  不定詞 дава́ть 3人称複数形 даю́т 命令形 дава́й-те
     дать   даду́т   да́й-те

§2　代名詞、形容詞（複数形）(2)と себя́ の変化

	主格	属格	与格	対格	具格	前置詞格
一人称複数	мы	нас	нам	нас	на́ми	нас
二人称単数	ты	тебя́	тебе́	тебя́	тобо́й	тебе́
三人称単数	она́	(н)её	(н)ей	(н)её	(н)ей	ней
複数	они́	(н)их	(н)им	(н)их	(н)и́ми	(н)их
再帰代名詞	なし	себя́	себе́	себя́	собо́й	себе́

1．再帰人称代名詞 себя́「自分を」には再帰という意味上、主格はありません。

  себя́ は主語と同一のものを指すときに用います。
  Он хорошо́ знал себя́ и свой путь.
      彼は自分と自分の進む道をよく知っていた。
  Он хорошо́ знал его́ и его́ путь.
      彼は彼と彼の進む道をよく知っていた（主語 он と его́ で指される人は別人です）。

2．形容詞、複数形

第11課

形容詞	主格	属格	与格	対格	具格	前置詞格
軟変化	си́ние	си́них	си́ним	си́них/-ие※	си́ними	си́них
硬変化	но́вые	но́вых	но́вым	но́вых/-ые※	но́выми	но́вых

они́とси́ниеの変化語尾はほぼ同じです（他は p218 参照）。

※印は人・動物名詞／物・事名詞に関係する場合です。

§3 与格

与格とは受け手（受益者あるいは被害者、間接目的語）を表わす格です。

1. 男性 ―末尾の子音 (-й/ь以外) + -у ← 末尾の-о― 中性
   　　　　　　　-й/ь → -ю ← 　　-е
   女性 ―末尾の　-а
   　　　　　　　-я　→ -еにする

	主格	与格		主格	与格
	гид	ги́д-у		Серге́й	Серге́-ю

уを付加　　　　　　　　　　йをとってюを付加

	硬音	軟音	主格	与格	主格	与格
男性	-子音	-й,-ь	гид-	ги́д -у	писа́тель	писа́тел-ю
					Серге́й	Серге́-ю
中性	-о	-е	письм-о́	письм-у́	мо́р-е	мо́р-ю
女性	-а	-я	газе́т-а	газе́т -е	Та́ня	Та́н-е

2. 女性名詞と形容詞の女性単数形では、与格と前置詞格はつねに同形です。

§4 与格の用法

1．無人称文の意味上の主語になります。

<u>Нам</u> было ве́село на вечери́нке. 私たちはパーティーで楽しかった。

Мы поём, когда́ <u>нам</u> ве́село и когда́ гру́стно.
　　　　　　　　　　私たちは楽しいとき、悲しいときに歌います。

Как <u>мне</u> ве́село бы́ло с тобо́й! あなたとご一緒できて楽しかった！

2．特定の動詞や前置詞などに従って用いられます。

与格を従える動詞：помога́ть, звони́ть, дари́ть, дава́ть, покупа́ть

Мать ча́сто звони́т <u>до́чке</u> по телефо́ну.
　　　　　　　　　　母は娘にひんぱんに電話します。

До́чка ча́сто помога́ет <u>ма́ме</u> в рабо́те.
　　　　　　　　　　娘はしばしばママの仕事を手伝います。

前置詞とともに：経路・移動の場所は**по**＋与格で示します。

Маши́на бы́стро е́дет по <u>у́лице</u>.　車が通りを速く走っている。

§5 現在形(5) мочь

мочь（できる）、помо́чь（助ける）は変則的e変化です。子音の交替（不定詞のч→г→ж→г）とアクセントが移るのが特徴です。

1．現在形

一人称	я	мог	-у́	мы	мо́ж	-ем
二人称	ты	мо́ж	-ешь	вы	мо́ж	-ете
三人称	он	мо́ж	-ет	они́	мо́г	-ут

Они́ не мо́гут быть за́втра на рабо́те.
　　　　　　　　　　彼らはあすは出勤できません。

Вы не мо́жете повтори́ть вопро́с?
　　　　　　　　　　質問をもう一度言っていただけませんか。

2．過去形

過去形も例外的で、単数の男性形で過去形の特徴 -л がありません。このように過去男性形に -л がない動詞がまれにはあります。

単数　он мог/она́ могла́/оно́ могло́　　複数　они́ могли́

§6　現在形(6)　唇音変化型 люби́ть と нра́виться

1. люби́ть「愛する、大好きである」のように、不定詞から -ть とその前の母音を除いた部分が唇音 п, б, в, ф, м に終わる и 変化動詞は、一人称単数形（я に続く形）のみ плю, блю, влю, флю, млю とします。過去形は規則どおりです。

現在形　я любл-ю́　ты лю́б-ишь　он лю́б-ит　мы лю́б-им
　　　　вы лю́б-ите　они́ лю́б-ят

2. 「AはBが気に入っている (нра́виться)」という文では、Aは与格、Bが主語（主格）になります。понра́виться ［完］はあるとき「気に入りだす」という意味で用います。

Мне нра́вится э́тот го́род.　　　私はこの町が気に入っている。

Тебе́ нра́вится говори́ть по-ру́сски?
　　　　　　　　　　　　　　　君はロシア語を話すのが好きですか。

第11課

【単語】

ロシア語	品詞等	日本語
ну́жен < ну́жный	[形容詞短語尾]	必要である
сове́т	[男]	アドバイス
послеза́втра		あさって
сам, сама́, само́		自力で、一人で
у́жин	[男]	夕食
посове́товать	[完・例外]	助言する
для	《前》+属	～のため
шашлы́к, -а́	[男]	串焼肉
купи́ть ^И, куплю́, ку́пишь	[完]	買う
мя́со	[中]	肉
кулина́рный		料理法の
не беспоко́йся		心配するな
беспоко́иться ^И[-tsa]		心配する
прие́хать	[完]	到着する
пора́ньше		少し早く
сде́лать	[完]	する、作る
взять, возьму́, возьмёшь	[完]	とる、入手する
такси́	[中・不変]	タクシー
гро́мко		大きな声で
пло́хо		下手に
слы́шать ^И		聞こえる
ребёнок	[男]	幼児、子供
ме́дленно		ゆっくりと
пе́сня	[女]	歌
класси́ческий		クラシックの
матрёшка	[女]	マトリョーシュカ
цена́	[女]	値段、価格
вре́мя го́да	[中]	季節
ле́то	[中]	夏
пойти́	[完]	出発する
подожда́ть	[完]	待つ
идти́, иду́, идёшь		行く、来る
без	《前》+属	～なしで

ミニ会話　CD35

А — Слу́шай, Са́ша, мне ну́жен твой сове́т.

Б — Сове́т? Ну, слу́шаю.

А — Ты зна́ешь, послеза́втра у И́ры день рожде́ния, и я хочу́ сам пригото́вить у́жин. Что ты мне посове́туешь?

Б — А что она́ лю́бит?

А — И́ра лю́бит шашлы́к ... а ты мне не помо́жешь?

Б — Хорошо́. Купи́ мя́со и посмотри́ в кулина́рной кни́ге, как его́ гото́вят для шашлыка́. Не беспоко́йся. Я прие́ду пос-

сто два́дцать оди́н　121

第11課

лезáвтра порáньше и мы вмéсте сдéлаем.

【和訳】

А「ねぇ、サーシャ、ぼくは君にアドバイスしてほしいんだ」
Б「アドバイスだって。うん、なんなの（用件を聞きましょう）」
А「あさってイーラは誕生日でね。ぼくは腕を振るって夕食を作ってやりたいんだ。どうしたらいいと思う」
Б「で彼女の好物は」
А「イーラはシャシリクが好物なんだけど、君、ぼくを手伝ってくれない」
Б「いいよ。肉を買って料理の本でシャシリクの料理法を調べて。心配ご無用。あさってぼくはちょっと早めに来るからぼくら一緒に作ろうぜ」

【練習】

Ⅰ．( ) 内の動詞三人称複数形を вы に対する命令形にしなさい。

1. (Ид - ýт) к ней. Онá мóжет помóчь вам.
   彼女のところへいらっしゃい。あなたを手伝ってくれますよ。

2. (Скáж - ут cf. скажý), пожáлуйста, где мóжно взять таксú?
   すみません、どこでタクシーが拾えますか。

3. (Читá - ют), пожáлуйста, грóмко. Я вас óчень плóхо слы́шу.
   どうか大きな声で読んでください。私にはほとんど聞こえないのです。

4. Не (кýр - ят cf. курю́), пожáлуйста, здесь: ребёнок спит.
   すみません、ここでタバコをすわないでください。赤ちゃんが寝ているのです。

5. (Говор - я́т), пожáлуйста, мéдленно. Я ещё плóхо понимáю по-рýсски.
   どうかゆっくり話してください。私はまだロ

第11課

シア語のヒヤリングが下手なんです。

II．（ ）内の語を与格形にしなさい。

1．— Каки́е пе́сни ты лю́бишь?　— (Я) нра́вятся ру́сские пе́сни.

2．— Каку́ю му́зыку вы лю́бите?　— (Я) нра́вится класси́ческая му́зыка.

3．— Та́ня, (ты) нра́вится э́та матрёшка?　— Нет. Мне не нра́вится цена́.

4．— Она́ (вы) нра́вится?　— Да, о́чень/Не о́чень.

5．— Како́е вре́мя го́да вы лю́бите?　— (Я) нра́вится ле́то.

III．和文を参考にして（ ）の単語を適切な形にしなさい。

1．「今日劇場に行けますか」「行けると思います」
　　— Вы (мочь) пойти́ сего́дня в теа́тр?　— Ду́маю, что (мочь).

2．「ちょっと待ってくれない」「いいわ」
　　— Ты (мочь) немно́го подожда́ть?　— (Мочь).

3．「早目にお邪魔してはいけないでしょうか。(許可を求める表現)」
　　— Не (мочь) ли я прие́хать пора́ньше?

4．彼らは学生です。辞書なしではやっていけません。
　　Они́ студе́нты. Они́ не (мочь) без словаря́.

сто два́дцать три

第11課

モスクワ大学と創立者ロマノソフの像（モスクワ）

---11課のエッセンス---
1．動詞の命令形は現在語幹に -й, -и/-ь を添える。どれを添えるかは、現在語幹末尾の音とアクセントによって決まる。
　　Скажи́те, пожа́луйста, где мо́жно взять такси́?
　　　　　　恐れ入ります、どこでタクシーが拾えますか。

2．「AがBに気に入る」という文では、気に入る人「Bに」が与格、気に入られるもの「Aが」が主語（主格）。
　　Как вам нра́вится э́тот го́род?
　　　　　　この町は気に入りましたか（気に入っていますか）。

УРОК №12 (ДВЕНАДЦАТЬ)

1. — Куда́ ты идёшь сейча́с? — Я иду́ в Эрмита́ж.
2. Я иду́ бы́стро. — Обы́чно я хожу́ бы́стро.
3. Сейча́с она́ идёт на конце́рт. — Вчера́ она́ ходи́ла на конце́рт.
4. — Посмотри́те! Ребёнок идёт! — Челове́к хо́дит, а пти́ца лета́ет.

【単語】

куда́	どこへ	ти́ше[比較級]	より静かに
Эрмита́ж [男]	エルミタージュ	по́езд [男]	列車
ходи́ть[И]	[移動・不定] 歩く、通う	туда́	そこへ
пти́ца [女]	鳥	оди́н день [男]	一日
лета́ть	[移動・不定] 飛ぶ	библиоте́ка [女]	図書館
е́здить[И]	[移動・不定] 乗り物で行く	раз в неде́лю	一週間に一回
лете́ть[И]	[移動・定] 飛ぶ	пое́хать, е́ду, е́дешь [完]	出発する
в/на《前》+対	(方向) ～へ	про́шлый	過去の
самолёт [男]	飛行機	дождь, -дя́	[男] 雨
иногда́	時々	речь [女]	言葉、話題
гуля́ть	散歩する	грипп [-р] [男]	インフルエンザ
парк [男]	公園	очки́ [複のみ]	眼鏡
магази́н [男]	店	возьми́ < взять [完]	とる、入手する
за《前》+具	～を入手するために	зо́нтик [男]	傘
хлеб [男]	パン	авто́бус [男]	バス

第12課

【和訳】
1．「君はいまどこへ行くの」「私はエルミタージュへ行くところなの」
2．私は速く歩いています。─ふつう私は速く歩きます。
3．いま彼女はコンサートへ行くところです。─昨日彼女はコンサートへ行きました。
4．「ご覧なさい。赤ちゃんが歩いています」「人は歩き、鳥は飛ぶものです」

【解　説】

§1　移動動詞

1．ロシア語では、「(歩いて) 行く、移動する」を次の2つの動詞が表わします。

定動詞	不定動詞
идти́	ходи́ть"

同じように「乗物で行く」も次の2つが表わします。

定動詞	不定動詞
е́хать	е́здить"

　このようにある種の移動を表すのに定動詞、不定動詞という一対（ペア）の動詞が区別して用いられることがあり、このような動詞群は**移動動詞**と呼ばれます。日本語で一つの動詞「行く」に対して、ロシア語では移動の手段・方法によって異なる動詞が使い分けられるのです。およそ15対ある移動動詞のうち、もっともよく使われるのが上の2つのペアです。

・定動詞、不定動詞はともに不完了体です。

※今後移動動詞は［移動・定］などと単語欄で表記します。

2．変化

　идти́, е́хать が -e 変化、ходи́ть, е́здить が -и 変化です。さらに ходи́ть, е́здить は、хожу́, е́зжу [-зˈзˈ-] とつづりが変わります（→p87）。過去形は идти́（→p130）以外は規則的です。

現在形

идти́:	иду́	идёшь	идёт	идём	идёте	иду́т
ходи́ть:	хожу́	хо́дишь	хо́дит	хо́дим	хо́дите	хо́дят
е́хать:	е́ду	е́дешь	е́дет	е́дем	е́дете	е́дут
е́здить:	е́зжу	е́здишь	е́здит	е́здим	е́здите	е́здят

３．乗り物と行き先の表現

型：**乗物は на ＋前置詞格**

— Как (На чём) вы éхали в Москвý?
　　｜　モスクワへは何に乗って行ったのですか。
　　↓

Мы летéли в Москвý на самолёте.
　　↑　　　　　　モスクワへは飛行機で行きました。
　　｜　行き先・方向　**на/в＋対格**　都市の場合は**в**

交通手段は**на**＋前置詞格で表わします。行き先は **в/на**＋対格で表わし、人の所へ行く場合は**к**＋与格で表わします。**в/на**の選択は存在の場合と同じです（→p48）。

— Кудá ты идёшь?　— На рабóту / К врачý.
　　どこへ行くところなの？　職場 (仕事) / お医者さんの所です。

４．移動の目的

移動動詞＋不定詞 / **за**＋具格は、目的、入手・獲得の意味です。

Тáня иногдá **хóдит гулять** в парк.
ターニャはときどき散歩に（＝散歩するために）公園へ行きます。

Онá **ходила** в магазин **за** хлéбом.
彼女は店にパンを買いに行った。

§2　定動詞と不定動詞

定動詞はふつう一定の目的（地）に向かう進行中の動きを表わします。

不定動詞はそれ以外つまり、不定・多方向への移動、反復（過去形は一往復）、能力、好み、一般論などを表わします。

１．定動詞の用法

　１）一定の目的（地）に向かう進行中の動き：

— Куда́ ты сейча́с идёшь? — (Сейча́с я иду́) в магази́н.
　　　　　　　　　　　今どこへ行くところなの。店です。（路上で）

— Ти́ше! Идёт экза́мен.
　　　　　　　　　静かに、試験中です。（事態が進行中のときも定動詞）

2) 確実に行なわれる未来の出発（確定未来）

За́втра мы идём в Ру́сский музе́й.　明日ロシア美術館へ行きます。

По́слеза́втра я е́ду в Япо́нию.　あさって日本へ行きます。

3) 所要時間

По́езд идёт туда́ оди́н день.　列車はそこへは1日かかります。

２．不定動詞の用法

1) 不定，多方向への移動

Вчера́ мы до́лго ходи́ли по музе́ю.　昨日長い間博物館を歩いた。

2) 反復。過去形は一往復，経験（〜したことがある）の意味

Я хожу́ в библиоте́ку раз в неде́лю.　図書館へは週一回行きます。

Они́ ходи́ли вчера́ в парк.　彼らは公園へ昨日行ってきた。

3) 能力や好み（反復が前提）

Он лю́бит е́здить на маши́не.　彼はドライブするのが好きだ。

§3　「行った」「行くところ」「これから行く」と идти́ の過去形

日本語の「行った」「〜へ向かっているところ」「(これから) 行く」は次のように表わします。日本人はこう記憶すると誤りません。

	(歩きで)行く	乗り物で行く	使うべき動詞	
過去	ходи́л	е́здил	不定動詞過去	行った
現在	иду́	е́ду	定動詞現在	向かっているところ
未来	пойду́	пое́ду	по＋定動詞	行く、行くつもり

В про́шлом году́ мы е́здили в Москву́.　去年モスクワへ行きました。

Сейча́с мы е́дем в Москву́.　今モスクワへ（車で）向かっています。

За́втра мы пое́дем в Москву́.　あすモスクワへ行きます。

第12課

・**идти** の過去形と未来形をみましょう。

過去形：男性 **шёл**、女性 **шла**、中性 **шло**、複数 **шли**

Вчера́ я шёл в теа́тр … За́втра я бу́ду идти́ в теа́тр … は両方とも過去や未来における進行中の動作の意味「行きつつあった、向かっている最中であろう」で日本語の「行った、行く」とは異なります。

【飛躍】

余暇の過ごし方や留学、買い物の言い方を覚えましょう。

サーフィンをする	ката́ться на сёрфинге / занима́ться сёрфингом
フィギュアスケートをする	занима́ться фигу́рным ката́нием
スケボー／スノーボード／スキー／スケートをする	ката́ться на скейтбо́рде / сноубо́рде / лы́жах / конька́х
テニス／サッカー／チェス／野球をする	игра́ть в те́ннис[тэ-] / футбо́л / ша́хматы / бейсбо́л
ギター／ピアノを弾く	игра́ть на гита́ре / на пиани́но
カラオケへ歌いに通う	ходи́ть петь в карао́ке
モスクワへ留学に行く	е́хать учи́ться в Москву́
公園へ散歩／買物に行く	идти́ гуля́ть в парк / идти́ за поку́пками

【ミニミニ辞典】

идти́ が使われる慣用的表現を覚えましょう。

— Вчера́ шёл дождь. 　　　昨日は雨が降った。

— О чём идёт речь? — Речь идёт о гри́ппе.
　　　　　　　　　　　　　何の話をしているのですか。インフルエンザのことです。

— Как вам иду́т э́ти очки́! 　その眼鏡がお似合いですこと！

130　сто три́дцать

第12課

行くか来るか

日本語では「行く」と「来る」の区別は大問題で、これは「持って行く／持って来る」、「与える／もらう」などの区別にもつながります。

ところが、ロシア語の単語にはこの区別がないのです。

ですから、文脈によっては、**идти́, е́хать** は「行く」だけでなく「来る、帰る」とも訳す必要があります。

Возьми́ с собо́й зо́нтик!	傘を持って行き／来なさい。
Ты взял с собо́й зо́нтик?	傘を持って行／来ましたか。
Авто́бус идёт.	(バス停で) バスが来ました。

【単語】

кани́кулы [複のみ]	(学校の)長期休暇	лу́чший [-tʃ-]	最高の
ро́дина [女]	ふるさと、故国	сувени́р [男]	おみやげ
снача́ла	最初に、最初は	цирк [男]	サーカス
Шве́ция [女]	スウェーデン	ле́том	夏に
пригласи́ть[И]	[完] 招待する	буфе́т [男]	ビュッフェ
никогда́ не	決して～ない	Ки́ев [男]	キエフ(キーウ)
зна́чит	つまり、～ということになる	Су́здаль [男]	(古都)スーズダリ
середи́на [女]	半ば	полете́ть[И]	[完] 飛び立つ
ию́ль [男]	7月	встре́титься[И] [-tsa]	[完] 出あう
а́вгуст [男]	8月	спорт [男]	スポーツ
то́чно	正確に	отку́да [疑問詞]	どこから
сове́товать (p137)	アドバイスする	из 《前》+属	(起点, 出身)～から
в а́вгусте	8月に		

сто три́дцать оди́н 131

第12課

|ミニ会話| CD37

А － Кáтя, кудá ты поéдешь на канúкулы, на рóдину?

Б － Сначáла в Швéцию, меня пригласúла Йра. Я тудá никогдá не éздила.

А － Знáчит, ты éдешь в Швéцию. А в какóе врéмя?

Б － Середúна июля - áвгуст. Я ещё не знáю тóчно.

А － Я тебé совéтую éхать в áвгусте. Это лýчшее врéмя в Швéции.

【和訳】

А「カーチャ、休暇はどこへ出かけるの、帰省？」

Б「まず初めはスウェーデンよ。イーラから招待されているの。私まだそこへ行ったことがないし」

А「じゃ、スウェーデンに行くのね。（季節は）いつ」

Б「7月中旬から8月。まだ正確には分からないわ」

А「8月に行きなさいよ。スウェーデンで最高の季節よ」

【練習】

Ⅰ．a）（　）内の語を斜線の右の語に変え文を書き換えなさい。

1．－ Кудá (ты) идёшь? / вы, он, онá, мы, онú

　　－ Я идý в магазúн покупáть сувенúры.

2．－ Ты сейчáс (идёшь) в Большóй теáтр? / éхать

　　－ Нет, я (ходúл) тудá вчерá. / éздить

　　　Сейчáс я (идý) в цирк. / éхать

b）（　）内の語を斜線の右の語に変え、文全体を書き換えなさい。

1．Мы (ходúли) в Большóй теáтр на балéт. / быть

2．В áвгусте студéнты (éздили) в Москвý. / быть

3．Кудá вы (поéдете) лéтом? / быть

4．Зáвтра студéнты (пойдýт) в клуб на вéчер. / быть

II．下の文を和訳しなさい。

1．Вчерá я ходи́л в ресторáн. Сейчáс я идý в столóвую. Зáвтра я пойдý в буфéт.

2．Вчерá они́ летáли в Ки́ев. Сейчáс они́ летя́т в Сýздаль. Зáвтра они́ полетя́т в Москвý.

III．和文を参照しながら、（　）内の動詞を適切な形にしなさい。

1．Вчерá я весь день (éздить) по гóроду.
　　きのうは私は一日中町をドライブしました。

2．— К комý вы (ходи́ть) вчерá? — Вчерá мы (ходи́ть) к дрýгу.
　　「きのうは誰の所へ行きましたか」「きのう私達は友人の所へ行って来ました」

3．Пи́сьма (идти́) в Москвý оди́н день.
　　手紙はモスクワへは一日かかります。

4．Кудá ты (идти́), когдá я встрéтился с тобóй?
　　ぼくが君と会ったとき、君はどこへ行くところだったの。

5．— О чём (идти́) речь? — Речь (идти́) о спóрте.
　　「何の話をしているの」「スポーツのことを話しているの」

第12課

ペトロパブロフスキー要塞。ドストエフスキーもかつてここに囚われた旧牢獄（サンクト・ペテルブルグ）

12課のエッセンス

1. 移動動詞の定動詞は一定の目的に向かう移動中の動作「〜しているところ」を表わし、不定動詞はそれ以外を表わす。
   — Куда́ ты идёшь?　— В клуб.
   　　　　　「どこへ行くところなの？」「クラブよ」

2. ロシア語は「行く・来る」を形の上では区別しない。
   — Отку́да ты идёшь?　— Из клу́ба.
   　　　　　「どこから帰るところなの？」「クラブからよ」

УРОК №13 (ТРИНАДЦАТЬ)

1. Суп едя́т ло́жкой, котле́ту — ви́лкой.
2. — Хочу́ уча́ствовать в ко́нкурсе красоты́, хочу́ путеше́ствовать по Аме́рике и хочу́ стать актри́сой!!
   — Стра́нные у тебя́ жела́ния.
3. Мой де́душка бо́лен и лежи́т в больни́це.
4. — Что у вас боли́т? — У меня́ боли́т голова́.

【単語】

суп [男]	スープ	исто́рия [女]	歴史
ло́жка [女]	スプーン	Росси́я [女]	ロシア
котле́та [女]	カツレツ	находи́ться[И]	～にある、いる
ви́лка [女]	フォーク	молоко́	[中]ミルク、牛乳
уча́ствовать	参加する	стрела́ [女]	矢
ко́нкурс красоты́	美人コンテスト	явля́ться＋具	～である
путеше́ствовать	旅行する	ну́жный	必要である
стать[完]актри́сой	女優になる	за́нятый	ふさがっている、忙しい
стра́нный	妙な	тру́дный	難しい
жела́ние [中]	望み、願い	плохо́й	悪い
де́душка [男]	おじいちゃん、祖父	рад＋与	うれしい
бо́лен < больно́й	病気である	познако́миться[И][完]	知り合う
лежа́ть[И] в больни́це	入院している	до́лжен	～しなければならない
боле́ть[И]	痛む	пода́рок [男]	プレゼント
голова́ [女]	頭	ма́ленький	小さい

сто три́дцать пять

第13課

чу́вствовать [-stv-]	感ずる	вели́кий	偉大な、大きい
здоро́ваться	挨拶を交わす	ма́лий	小さい
ру́чка［女］	ボールペン	ша́пка［女］	帽子
с《前》+具	～とともに	Что с ва́ми?	あなたはどうなさいましたか
пе́ред《前》+具	～の前に	зуб［男］	歯
интересова́ться+具	興味がある		

【和訳】
1．スープはスプーンで、カツレツはフォークで食べます。
2．「美人コンテストに出場し、アメリカ旅行をして女優になりたいわ」
　　「奇妙な望みだね」
3．祖父は病気で入院しています。
4．「どこが痛みますか」「私は頭痛がするのです」

第13課

【解　説】

§1　現在形(7)　чу́вствоватьとесть

1. -оватьに終わる動詞は、不定詞の -овать を除き、次に y を加えてから e 変化をします。過去形は規則どおりです。この型の動詞を -овать動詞と言います。

　　чу́вств/овать　я　чу́вству-ю　ты　чу́вству-ешь　он　чу́вству-ет
　　　　　　　　мы　чу́вству-ем　вы　чу́вству-ете　они́　чу́вству-ют

　♠注意　здоро́ваться 「挨拶を交わす」はふつうの e 変化です。

2. есть

動詞 есть「食べる」は特殊な変化です。есть とこれに接頭辞がついたものだけがこのような変化をします。

　　現在形　я ем　ты ешь　он ест　мы еди́м　вы еди́те　они́ едя́т
　　過去形　он ел　она́ е́ла　оно́ е́ло　они́ е́ли　命令形　е́шь(те)

§2　具格

形

男性	—末尾が子音 (-й / ь以外) + -ОМ ← 末尾の-о—	中性
	-й / ь　→　-ЕМ ←　　　 -е	
女性	—末尾の　-а　→　-ОЙ	
	-я　　　 -ЕЙ	

```
　　　　　硬音　　　　　　　　　　　軟音
　　主格　　　　具格　　　　　　主格　　　　具格
　　гид　　　ги́д-ом　　　　　Серге́й　　Серге́-ем
　　↑　　　　　　　　　　　　　　↑
　　омを付加　　　　　　　　　　йをとってемを付加
```

1. 道具、手段、興味・従事の対象、様態

単独で道具・手段、状態、身分、職業、動作のおよぶ範囲を示す他に、

第13課

特定の動詞や前置詞 **с**：随伴、付随、／時間・空間 **за**：背後、過ぎ／
пèред：(時間的に) 直前、(空間的に) 前、と用いられます。

Я люблю писáть **рýчкой.** 　　私はボールペンで書くのが好きです。

Я интересýюсь **истóрией** Россúи.　　私はロシア史に興味があります。

Стáнция метрó нахóдится **за этим дóмом.**
　　　　　　　　　　　　　　地下鉄の駅はあの建物の後ろにあります。

Обы́чно онá пьёт кóфе **с молокóм.**　　彼女はふつうミルクコーヒを飲
　　　　　　　　　　　　　　　　　　みます。

Врéмя летúт **стрелóй.**　　時は矢のように飛びます（光陰
　　　　　　　　　　　　　矢のごとし）。

2．述語の具格

名詞、形容詞は **быть** に連なるときふつう具格になります。とくに文が身分、状態の変化を表わすときは具格です。変化を前提とする**стать**「～なる」、**являться**「～である」などの動詞に続くと具格が原則です。

Он студéнт.　　（現在形で **быть** が用いられず、**студéнт** は主格）

Он был **студéнтом.**　　彼は学生だった（いまはもう学生でな
　　　　　　　　　　　　い、という身分変化を意味）。

Он бýдет **студéнтом.**　　彼は学生になる。

§3　形容詞短語尾形―作り方

型：**短語尾形　長語尾形から最後の文字を除いたもの（хорошó は例外）**
　　　男性形は語尾を除き、末尾が子音連続になるときは -о/-е を挿入

形容詞には、これまで学んだ形（長語尾形）のほかに短語尾形という形があります。短語尾形は　形容詞の語幹に男性 -ゼロ、女性 **-а**、中性 **-о**、複数 **-ы** を付けて作りますが、事実上 хорошó 以外は、長語尾形の最後の文字を除いた形と同じです。ただ男性形の **-ый / -ий / -ой** を除いたとき、

第13課

末尾が子音連続になるならば、-o / -e の一方を挿入します。動詞の過去形と同じようにアクセントの移動には注意が必要です。

	男・単	女・単-a	中・単-o	複 -ы/-и	
長語尾形	краси́вый	краси́в/ый	краси́ва/я	краси́во/е	краси́вы/е	美しい
短語尾形		краси́в-	краси́в-а	краси́в-о	краси́в-ы	

	男・単	女・単-a	中・単-o	複 -ы/-и	
за́нятый	за́нят	занята́	за́нято	за́няты	ふさがっている、多忙な
свобо́дный	свобо́ден	свобо́дна	свобо́дно	свобо́дны	空いている、ひまな
тру́дный	тру́ден	трудна́	тру́дно	тру́дны	難しい
ну́жный	ну́жен	нужна́	ну́жно	ну́жны	必要である
больно́й	бо́лен	больна́		больны́	病気である
хоро́ший	хоро́ш	хороша́	хорошо́	хороши́	良い
плохо́й	плох	плоха́	пло́хо	пло́хи	悪い
-	рад	ра́да		ра́ды	嬉しい
-	до́лжен	должна́	должно́	должны́	～ねばならない

1．長語尾形と短語尾形がそろっていないものもあります。

　1) 短語尾形しかないもの：рад 嬉しい、до́лжен ～しなければならない
　　Де́ти ра́ды пода́рку.　　　子供たちはプレゼントに喜んでいる。
　　О́чень рад / ра́да с ва́ми познако́миться.
　　　　　　　　　　　　　　　　お知り合いになれとても嬉しいです。

　2) 長語尾形しかなく、他の形容詞の短語尾形で代用するもの：
　　большо́й→вели́кий, ма́ленький→ма́лый　で代用する。
　　большо́й：вели́к / вели́ка / вели́ко / вели́ки　大きい
　　ма́ленький：мал / мала́ / мало́ / малы́　小さい

2．敬称の вы が主語のときには短語尾形は複数形にします。これは動詞の場合と同じです。長語尾形の場合には単数形にします。

сто три́дцать де́вять

第13課

　　　　Вы сегóдня óчень интерéсны.　　今日はとても魅力的ですね（話しや装いへの賛辞）。

§4　用法

長語尾形とは異なり短語尾形には、**格変化がなく、文の述語や副詞として**用いられます。

１．**形容詞として**—短語尾形は述語としてのみ用いられます。
　１）**修飾語的用法**—長語尾形のみで、短語尾形は用いられません。
　　　　интерéсный сайт　　面白いサイト
　２）**述語的用法**—長語尾形、短語尾形とも可能で、選ぶ必要があります。
　　　　Сайт **интерéсный.**　　サイトは面白いです。
　　　　Сайт **интерéсен.**　　サイトは面白い。

長語尾形と短語尾形の使い分け
①長語尾形—特定の条件とは無関係な性質を表わします。
②短語尾形—一時的性質、ある特定の条件、対象にのみ現われる性質を表わします。特に度量衡を表わす場合には過度の意味がでます。
　　　　Этот сайт интерéсный.　　このサイトは面白い（誰にも）。
　　　　Этот сайт интерéсен тóлько для нас.　…私たちだけには面白い。
　　　　Эта шáпка слúшком великá для меня́.　この帽子は私には大きすぎる。
　　　　Он врач, а онá **больнáя.**　　彼は医師で、彼女は病人です。［名詞扱い］
　　　　Онá больнá.　　彼女は（いま現在）病気だ。

２．**無人称文の述語、副詞として**—短語尾単数中性形が用いられます。
　　　　В лесý **хорошó.** ［述語］　　森の中はすばらしい。
　　　　Интерéсно изучáть рýсский язы́к. ［述語］
　　　　　　　　　　　　　　　　ロシア語を学ぶのは興味深い。

Все они **хорошо** говорят по-русски.［副詞］

　　　　　　　　　　　　　　彼らはみな上手にロシア語を話します。

§5　病気の言い方
　型：У кого́ боли́т/боля́т ＋ 患部　「～はどこどこ（患部）が痛い」

　　　— Что с ва́ми?　　　　どうなさいましたか。
　　　— У меня́ боля́т зу́бы.　私は歯が痛むのです。

患部が主語ですから、複数形 зу́бы が主語なら動詞も複数形 боля́т です。歯一本 зуб が痛いのなら動詞は боли́т（単数）です。

【ミニミニ辞典】
具格を用いた挨拶を覚えましょう。ロシア人は礼儀正しいのです。

　С Но́вым го́дом!　　　　　　　　明けましておめでとう。
　С наступа́ющим Но́вым го́дом!　よい年を迎えてください。
　С днём рожде́ния!　　　　　　　誕生日おめでとう。
　С прие́здом!　　　　　　　　　　無事到着おめでとう。
　С пра́здником!　　祝日おめでとう（いつでも祝日なら用いられる）。
　С днём Свято́го Валенти́на!　　バレンタインデーおめでとう。
　С Рождество́м!　　　　　　　　　メリークリスマス！

いずれも、Поздравля́ю Вас が省略されたものです。言われたらエレガントに Вас то́же.「お互いにね」などと応じましょう。

【飛躍】自然界の状態や人間の細やかな感情などを表わす語。
　寒暖：хо́лодно 寒い、прохла́дно 涼しい、тепло́ 暖かい、жа́рко 暑い、ду́шно 蒸し暑い

第13課

喜怒哀楽難易：гру́стно 悲しい、ве́село 楽しい、ску́чно 退屈だ、сты́дно 恥ずかしい、интере́сно 面白い、легко́ 簡単だ、тру́дно 難しい、бо́льно 痛い

美味高価廉価：вку́сно おいしい、до́рого 高い、дёшево 安い

遠近早晩：далеко́ 遠い、бли́зко/недалеко́ 近い、ра́но（時期）早い、бы́стро 速い、ско́ро 早い、по́здно 遅い、ме́дленно（速度が）遅い

Мне хо́лодно.	私は寒い。
На ве́чере нам бы́ло ве́село.	パーティーでは私たちは楽しかった。
Мне бы́ло сты́дно.	私は恥ずかしかった。

ことわざ

В гостя́х хорошо́, а до́ма лу́чше.	お客もよいが、我が家はもっとよい。

【単語】

лу́чше [-tʃ-]	[比]よりよい	хороша́ < хоро́ший	素晴らしい
здоро́ва < здоро́вый	健康である	во́время	時間内に、間に合って
температу́ра [女]	熱、温度	сра́зу	すぐに、同時に
норма́льный	正常である	поня́ть, пойму́, поймёшь [完]	理解する
бо́льно	痛い	мир [男]	世界、平和
да́же	～すら	жа́луетесь < жа́ловаться [-tsa]	苦情をいう
тёплый	暖かい	ма́льчик [男]	少年
как ни ～	いかに～であろうと	стать, ста́ну, ста́нешь [完]+具	なる
доро́га [女]	道、旅	вы́расти, вы́расту, вы́растешь [完]	成長する
ну́жно	必要である	врачо́м < врач [男]	医師
что́бы+不定詞	～するために	учи́тель [男]	教師
отве́тить[И] [完]	на+対、答える	река́ [女]	川
любе́зны < любе́зный	親切である	бога́та < бога́тый	豊かである
заня́тие по+与	[中]授業、～の作業	ры́бой < ры́ба [女]	魚

第13課

> ミニ会話　　　　　　　　　　　　　　　CD39

А — Та́ня, как ты себя́ чу́вствуешь?

Б — Спаси́бо, мне уже́ лу́чше. Я почти́ здоро́ва.

А — Кака́я у тебя́ температу́ра?

Б — Норма́льная, то́лько ещё немно́го боли́т голова́. И бо́льно есть и да́же пить.

А — А тебе́ мо́жно гуля́ть?

Б — Да, уже́ мо́жно. Сейча́с о́чень тёплая пого́да, и я гуля́ю с ба́бушкой ка́ждый день.

【和訳】

А「ターニャ、具合はどう」

Б「ありがとう、私、よくなったわ。ほとんど健康体よ」

А「熱はどのくらい」

Б「平熱よ。ただまだ軽い頭痛がするの。それにものを食べたり、飲み込むのだって痛いわ」

А「あなたは散歩していいの」

Б「ええ、もういいの。いまはとっても暖かい天気で、私、おばあちゃんと毎日散歩しています」

【練習】

Ⅰ．下文は文末の条件では短語尾形しか用いられない。（　）内を短語尾形にし、文を音読しなさい。

1. <u>Как ни</u> (тру́дный) доро́га, а идти́ ну́жно. (как ни たとえ～でもという構文で)

2. Ребёнок сли́шком (ма́лый), <u>что́бы</u> отве́тить на э́ти вопро́сы. (基準

第13課

を示す чтòбы があるとき）

3. Бу́дьте (любе́зный), пригласи́те к телефо́ну Та́ню. （命令形 бу́дьте のとき）

4. Ка́ждое заня́тие по ру́сскому языку́ (интере́сный). （主語に ка́ждый がつくとき）

5. Всё необыкнове́нно (вку́сный) (э́то, всё, то が主語のとき）

II. 日本語と同じになるように（ ）内の適切なロシア語を選びなさい。

1. みなさんが時間内に到着したのはすばらしい。

   (Хоро́ший/Хорошо́), что вы прие́хали во́время.

2. この問題は即答するにはむずかしすぎる。

   Э́тот вопро́с сли́шком (тру́дный/тру́ден), чтòбы отве́тить на него́ сра́зу.

3. 彼は世界がどんなに興味深いか理解するにはまだ幼すぎる。

   Он ещё (ма́лый/мал), чтòбы поня́ть, как интере́сен мир.

4. 「お加減はどうですか」「よいです」

   — Как вы себя́ чу́вствуете? — Я чу́вствую себя́ (хорошо́/хоро́ший).

5. 「彼はどうしたのですか」「彼はインフルエンザにかかっていました」— Что с ним бы́ло? — Он был (больно́й/бо́лен) гри́ппом.

III. 下の（ ）内の適切な方を選びなさい。

1. Я не могу́ чита́ть: у меня́ (боли́т/боля́т) зу́бы.

2. — На что вы жа́луетесь? — У меня́ (боли́т/боля́т) голова́.

3. Когда́ я познако́мился с ней, она́ была́ ещё (студе́нтка/студе́нткой).

4. — Ма́льчик, (кем/кто) ты хо́чешь стать, когда́ вы́растешь? — Я хочу́ быть (врач/врачо́м).

5. — (Кем/Кто) рабо́тают ва́ши роди́тели? — Оте́ц рабо́тает (врач/врачо́м), а мать — (учи́тель/учи́телем).

モスクワ川から臨むクレムリン（モスクワ）

―― 13課のエッセンス ――
1．短語尾形はふつう形容詞から最後の綴りを除く。ただし、男性形だけは -ый/ий/ой を除く。短語尾形はある特定の状況・条件の下のみで（基準からずれるとき）現われる状態を表わす。
　Эта река́ бога́та ры́бой. 　この川は魚が豊富にいる。

2．病気の言い方：У＋患者の属格 боли́т / боля́т 患部（これが主語）
　Я бо́лен/больна́, и у меня́ боли́т голова́.
　　　　　　　　　　　　　　　私は病気だ、頭が痛い。

УРОК №14 (ЧЕТЫРНАДЦАТЬ)

1. — Чей это ноутбук? — Это ноутбук моего друга.
2. — Сколько тебе лет? — Мне четыре года, но скоро будет пять (лет).
3. — Давайте устроим вечеринку завтра вечером!
   — Ну, давайте.
4. — Уже поздно. В это время дети должны спать.

【単語】

ноутбук [男]	ノート型パソコン	желать 与+属	望む
сколько	どのくらい	счастье [ʃʃ][中]	幸せ
лет[男複属]<год	年(→p161)	крепкий	頑強な、濃い
скоро	すぐに	дальнейший	今後の
пять (лет)	5(歳)	успехов[男複属]<успех	成功
давайте<давать	～しよう	от 《前》+属	～から
устроить[И]	[完] 催す	с 《前》+属	～から
поздно<поздний[-zn-]	遅く	до 《前》+属	～まで
мобильный	可動の	жить, живу(→p220)	住む
мобильник [男、口語]	携帯電話	далеко	遠い
детей [属]<дети [複]	子供	матери<мать [女]	母
бояться[И][-tsa]+属	恐れる	заниматься+具	勉強する、従事する

【和訳】

1.「これは誰のノートパソコンですか？」「これは私の友人のノートパソ

第14課

コンです」
2．「坊やいくつ？」「ぼく4歳、でももうじき5つだよ」
3．「明日の晩パーティーをやろうぜ」「ああ、やろうぜ」
4．「もう遅いです。こんな時間には子どもは寝ていなきゃダメです」

一冊の本

　その歌に中学生の私は夢中だった。幾分哀愁をおびながらも夢を感じさせるメロディーに惹かれたのだ。いっそのことロシア語で歌おうか。H.シュリーマンの物語でロシア語に惹かれていた私はある露文科の案内を目にし、早速手紙を書いた。「ぜひ歌をロシア語に訳してください」。
　一週間ほどしたころ、『世界の民謡集』が送られてきた。差出人の名はなかった。そこには世界の歌の楽譜と原語が載っていた。そのとき初めて歌が「カチューシャ」と言い、ロシアの歌であることを知った。
　それからは夢中だった。いくつもの歌を歌いながら、いろいろな国に夢を馳せたものだった。外国旅行などは夢のまた夢という時代の、田舎であった。なかでも一番歌ったのがロシアの歌であった。お礼状のほうはすっかり忘れてしまっていた。
　その後ロシア語の道に進み、その学科の先生方にお会いしたとき、恐縮してお礼を言う私にだれ一人として贈り主は自分だとはおっしゃらなかった。いまだもってわからないままである。何度も手に取った民謡集は古びながらもいまなお私の書棚にある。
　ときたま人生に思い悩むときそれを手にすると、あのときの感動、世界へのあこがれの気持ちがいまなお少しも衰えることなく私のもとによみがえってくる。そして、無知な中学生にすらご自分のロシアへの愛情を割いてくださったことに崇高な思いを感じるのである。

第14課

【解　説】

§1　名詞の属格

1．形

　　男性 ―末尾が硬音（-й/ь 以外）＋ -a　←　末尾の硬音 -o― 中性
　　　　　　軟音（-й/ь）　→　-я　←　　軟音 -e
　　女性 ―末尾の　　-a　　→　-ы
　　　　　　　　　　-я/ь　→　-и

名詞の性	末尾の綴り 硬音	末尾の綴り 軟音	属格の例 硬音		属格の例 軟音	
男性	-子音	-й, -ь	гид-	гид-а	писа́тель	писа́тел-я
					Серге́й	Серге́-я
中性	-о	-е	письм-о́	письм-а́	мо́р-е	мо́р-я
女性	-а	-я, -ь	газе́т-а	газе́т-ы	Та́н-я	Та́н-и

2．男性の人・動物名詞とそれにつく形容詞は、属格と対格が同形です。

§2　人称代名詞と кто, что, э́тот の属格

人称代名詞と кто の属格は常に対格と同じ形です。

主格	属格	主格	属格
я	меня́	мы	нас
ты	тебя́	вы	вас
он	его́		
оно́		они́	их
она́	её		
кто	кого́	э́тот	э́того
		э́то	
что	чего́	э́та	э́той

§3　属格の用法
1．所属、帰属、属性、性質、全体に対する部分を表わします。

— Чей это моби́льный телефо́н?　　これは誰の携帯電話ですか。

— Э́то моби́льник <u>моего́ дру́га</u>.　　これは私の友人の携帯です。

所有物の後に所有者を表す名詞の属格をおきます。мой друг の属格がмоего́ дру́га.

— Э́то <u>мой</u> моби́льник.　　これは私の携帯です。

▲　人称代名詞 я, ты などの所有表現「私の、君の、…」には мой, твой, を用い、人称代名詞の属格 меня́, тебя́, …は用いません。

2．否定属格

「～がない」というように、存在しないものは主格になる「権利がなく」属格になります。

— У вас есть маши́на?　　車をお持ちですか。

— Да, (у меня́) есть (маши́на).　　はい、(私は車を)持っています。
　　　　　　　　↳存在するので主格

　　　　　　　　┌естьをнетに変える
— Нет, у меня́ нет маши́ны.
　　　　　　　　↳存在しないので属格
　　　　　　　　　いいえ、(私は車は)持っていません。

過去形と未来形では、存在しないものの性・数とは関係なく、**нет** を **не́ было, не бу́дет** にします。

У них не́ было компью́тера[男]/маши́ны[女]/дете́й[複].
　　　　彼らにはコンピュータ／車／子どもがなかった。

У них не бу́дет компью́тера／маши́ны／дете́й.
　　　　彼らにはコンピュータ／車／子どもがないだろう。

В на́шем го́роде не́ было теа́тра.
　　　　私どもの町には劇場がありませんでした。

第14課

3．特定の動詞や前置詞などにしたがって用いられます。

1) 動詞：бояться「恐れる」 желать「～(与格)に(属格)を望む」
Люди боятся гриппа [属格]．人々はインフルエンザを怖がっている。
Желаю Вам [与格] нового счастья, крепкого здоровья и дальнейших успехов [属格] в работе.
新たなる幸せ、頑強なる健康とお仕事のますますのご発展をお祈りします（賀状の言葉）。

2) 前置詞：у「近接、そば」、от「基点、発信源」、с「主に時間的起点」、до「到達点」
у нас дома　　　　　　　　私たちのところに家に→私達の家に
Ты живёшь далеко от университета?
　　　　　　　　　　　　　君は大学から遠くに住んでいるのかい。
Мы работаем с утра до вечера. 私たちは朝から晩まで働きます。
От Киева до Москвы далеко.　キエフからモスクワまでは遠い。
письмо от матери　　　　　母からの手紙

§4 勧誘の表現［一人称複数の命令］

型： давай(те)＋不完了体不定詞　　～しよう、～しましょう（Let's ～）
完了体一人称複数形（те）

1) давай(те)に不完了体の不定詞をそえる形と、2) 完了体動詞の一人称複数現在形（不完了体のбудем, идём, едем も）は、勧誘表現「一緒に～しよう」になります。この種の文では主語мыは用いません。話し相手がвыの時にはカッコ内の (те) を伴うのがふつうです。

3) будем(те)＋不完了体不定詞も勧誘の意味に使われることがありますが、この場合カッコ内の(те)はбудемにつけます。
Будем(те) говорить только по-русски!

4）勧誘表現2）、3）にもдава́й(те)をつけても構いません。

— Дава́й бу́дем говори́ть то́лько по-ру́сски!　　ロシア語だけで話すことにしよう。

— Дава́й!　　そうしよう。

Дава́йте пообе́даем вме́сте!　　一緒に食事をしましょう。

§5　до́лжен の用法

型：主語 до́лжен＋不定詞　〜しなければならない、〜するはずである
時制は быть を до́лжен に後置して示す

何らかの決まり・規則で、「〜しなければならない」と言うには до́лжен を助動詞的に用います。これは形容詞短語尾形です（→p139）。

		主語	形
単数形	男性形	я, ты, он	до́лж-ен
	女性形	я, ты, она́	долж-на́
	中性形	оно́	-но́
複数形3性同じ		мы, вы, они́	-ны́

Он до́лжен мно́го занима́ться.　　彼はよく勉強をしなければならない。

Она́ должна́ мно́го занима́ться.　　彼女はよく勉強をしなければならない。

сто пятьдеся́т оди́н　151

第14課

1) 時制は **быть** を **до́лжен** の後ろにおいて示します。**быть** の形は主語に合わせます。

  Мы должны́ мно́го занима́ться.   よく勉強をしなければならない。

  Мы должны́ бы́ли мно́го занима́ться.   よく勉強をしなければならなかった。

  Мы должны́ бу́дем мно́го занима́ться.   よく勉強をしなければならないだろう。

2) 意味「～しなければならない」以外に「～するはずである」の意味も表わします。これらの意味の区別は文脈で判断されます。

【ミニミニ辞典】

属格を用いた挨拶を覚えましょう。

Прия́тного аппети́та!「おいしく召し上がれ（食事をするとき同席の人に、あるいは食事に向かう知人に）」、**Споко́йной но́чи!**「おやすみなさい」、**Всего́ хоро́шего!**「ごきげんよう（別れるときの挨拶）」**Счастли́вого пути́!**「安全な旅を」などの挨拶のことばは、**Я жела́ю вам（тебе́）** が省略された形です。**Жела́ю** が属格をとりますので、みな属格形をしています。

民話の中の恋文より

 Я люблю́ тебя́ и не могу́ жить без тебя́, будь со мной. Я постро́ю тебе́ дворе́ц, бу́ду петь тебе́ краси́вые пе́сни.

 君を愛しています。君がいなかったら生きていられません、ぼくのそばにいてください。ぼくは君に宮殿を建ててあげます。君に美しい歌を歌ってあげます。

第14課

【単語】

Акира （男性名）	あきら	по̀сле《前》+属	～の後で
из Япо́нии	日本から	поговори́ть[И] [完]	しばらく話す
Украи́на [女]	ウクライナ	текст [男]	文章、本文
Алекса́ндр(男性名)	アレクサンドル	переда́ть [完]	放送する、伝える
муж [男]	夫	приве́т [男]	挨拶
ко́мната [女]	部屋	вре́мени[属] < вре́мя[中]	時間

ミニ会話

CD41

А — До́брый день! Дава́йте познако́мимся! Меня́ зову́т Акира. Я из Япо́нии. А Вас как зову́т?

Б — Меня́ зову́т Йра. Я из Украи́ны.

А — О́чень прия́тно.

Б — Мне то́же.

【和訳】

А「こんにちは。知り合いになりましょう。私はあきらです。日本から来ました。でお名前は？」

Б「私はイーラです。ウクライナから来ました」

А「光栄です」

Б「私もそうです」

【練習】

Ⅰ．（ ）内の語を斜線の右側の語に変えて、文を書き換えなさい。

1．(Вы) должны́ чита́ть по-ру́сски ка́ждый день. / он, она́, они́

2．(Вчера́) я должна́ была́ рабо́тать. / сего́дня, за́втра

3．(Вчера́) в клу́бе не́ было ве́чера. / сего́дня, за́втра

4．(А́нны) сейча́с нет до́ма. / Алекса́ндр, Йра

сто пятьдеся́т три　153

第14課

5. — Чей это словарь? — Это словарь его (брата). / друг, сестра, подруга

6. Чьи (родители) живут в Москве? / муж, брат, жена

7. — У (вас) в комнате есть телевизор? — Да, есть. / ты, он, она, мы, они

II. 例にならって文を作り変えなさい。

А. 例　Мы будем отдыхать после обеда. → Давайте отдыхать после обеда!

1. Мы будем говорить по-японски.

2. Мы будем учиться русскому языку.

3. Мы будем слушать музыку.

Б. 例　Мы поговорим по-русски. → (Давайте) поговорим по-русски.

1. Мы прочитаем текст.

2. Мы приготовим обед.

3. Мы пообедаем.

III. 日本語の意味を表わすように（　）の語を属格にしなさい。

1. どうぞ奥様に私からよろしくお伝えください。

　　Передайте привет Вашей жене от (я)!

2. すみません、ロシアの方ですか（ロシアからと訳す）

　　Извините, вы из (Россия)?

3. 「あなたは昨日誰のところへ行ってたのですか」「昨日は私は彼女のところへ行ってました」

　　— У (кто) вы были вчера? — Вчера я был у (она).

第14課

モスクワ川とクレムリン遠望（モスクワ）

14課のエッセンス
1. 勧誘（Let's〜）は давáй（те）＋不完了体不定詞か完了体一人称複数形(те)で表わす。
　　Давáйте познакóмимся!　知り合いになりましょう。

2. 「〜がない」というように、存在しないものは属格になる。述語は нé было, нет, не бýдет だけである。
　　У нас нé было врéмени.　私たちには時間がなかった。

УРОК №15 (ПЯТНАДЦАТЬ)

1. — Сколько стоит стакан сока? — Стакан сока стоит 100 рублей.
2. — Сколько часов идёт поезд от Москвы до Санкт-Петербурга?
3. — Сколько у вас детей? — У нас два сына и две дочки.
4. — Когда мы встретимся? — В 5 (пять) часов у метро «Университет», около выхода на рынок.

【単語】

стоить И	値段がする	мало	少数の、少量の
стакан сока	グラス一杯分のジュース	несколько	いくつかの
стакан [男]	グラス	чашка [女]	カップ、コップ
сок [男]	ジュース	семья [女]	家族
100: сто	百	в день	一日につき
рублей[複属]＜рубль[男]	ルーブリ	минута [女]	分
часов[複属]＜час[男]	時間	вставать, встаю, встаёшь	起床する
Санкт-Петербург [男]	サンクト・ペテルブルグ	число [中]	数、日付
два/две	(数詞) 2	седьмой	七番目の
около《前》+属	～の周り	июль, -я [男]	7月
выход [男]	出口	месяц [男]	月
рынок [男]	市場	родиться И [-tsa][完]	生まれる
数詞→p158、p221		октябрь, -я [男]	10月

第15課

дни [複主]＜день [男]	日		янва́рь, -я́ [男]		1月
тре́тий/тре́тья/тре́тье/тре́тьи	三番目の		про́шлый		過去の
ие́на [女]	日本円		бу́дущий		これから来る
вода́ [女]	水		сле́дующий		次の

【和訳】

1．「ジュース一杯いくらですか」「ジュース一杯は100ルーブルです」
2．「何時間で列車はモスクワからサンクト・ペテルブルグまで行きますか」
3．「お子さんは何人ですか」「うちには息子が2人と娘が2人います」
4．「いつ会いますか」「5時に地下鉄『大学』駅の、ルイナック側出口のところで」

第15課

【解　説】

§1　個数詞と順序数詞　1から24まで

数詞は日本語と同じく十進法です。10以上にでてくる -дцать は де́сять「10」がつまったものと考えればよいのです。

まず1から10まで、次に11から24まで覚えましょう。

数詞一覧

	個数詞	順序数詞		個数詞	順序数詞
1	оди́н	пе́рвый	13	трина́дцать	трина́дцатый
2	два	второ́й	14	четы́рнадцать	четы́рнадцатый
3	три	тре́тий	15	пятна́дцать	пятна́дцатый
4	четы́ре	четвёртый	16	шестна́дцать (スナ)	шестна́дцатый (スナ)
5	пять	пя́тый	17	семна́дцать	семна́дцатый
6	шесть	шесто́й	18	восемна́дцать	восемна́дцатый
7	семь	седьмо́й	19	девятна́дцать	девятна́дцатый
8	во́семь	восьмо́й	20	два́дцать	двадца́тый
9	де́вять	девя́тый	21	два́дцать оди́н	два́дцать пе́рвый
10	де́сять	деся́тый	22	два́дцать два	два́дцать второ́й
11	оди́ннадцать	оди́ннадцатый	23	два́дцать три	два́дцать тре́тий
12	двена́дцать	двена́дцатый	24	два́дцать четы́ре	два́дцать четвёртый

1．個数詞

個数詞1と2だけは性（と数）によって形が変わります。

①数詞1は形容詞と同じように、つながる名詞の性と数により、単数では оди́н, одна́, одно́、複数では3性とも одни́ という形です。複数形は、複数形しかない名詞などと用いられます。

　　　男性形　　**оди́н** студе́нт　　　1人の学生、ある学生

第15課

```
女性形   одна́ студе́нтка    1人の学生、ある学生
中性形   одно́ сло́во        1つの単語、ある単語
複数形   одни́ часы́         1つの時計、ある時計
```

②数詞2の男性・中性形は **два**、女性形は **две** です。

③合成数詞「21、22…」などは「20」と「1」「2」を並べます。

2. 順序数詞

① пе́рвый, второ́й などの順序数詞は数の意味を持つ形容詞で、用法も変化も形容詞と同じです。

```
単数形   男性   пе́рвый по́езд     一番列車
         女性   пе́рвая любо́вь    初恋
         中性   пе́рвое письмо́    第一信
複数     3性とも пе́рвые дни       最初の日々
```

② тре́тий は主格（物・事名詞の場合は対格も）以外は語幹が треть- となり、女性 тре́тья、中性 тре́тье、複数 тре́тьи です。

§2 名詞複数属格

複数属格形は4つの場合に分かれます。水色の部分が基本です。

単数形末尾		複数属格			
1）硬子音(-й/ь以外)	+ов	гид	ги́д	-ов
2）й	→ев	музе́й	музе́	-ев
3）ж, ч, ш, щ	+ей	врач	врач	-е́й
ь	→ей	писа́тель	писа́тел	-ей
		ночь	ноч	-е́й
е		мо́ре	мор	-е́й
4）о/а	→ゼロ	сло́во	слов	無
		кни́га	книг	無

※ -ц; -ие, -ия に終わる名詞はp217参照

сто пятьдеся́т де́вять 159

第15課

名詞の複数属格形の基本をみましょう。
1）硬音（-й/ь 以外）に終わる男性名詞には、-ов を付加
2）-й に終わる男性名詞は、-й を -ев に交換
3）-ей にするもの
　① -ж, -ч, ш, щ に終わる男性名詞には -ей を付加
　② -ь に終わる男性名詞、女性名詞は -ь を -ей に交換
　③ -e に終わる中性名詞は -e を -ей に交換
4）-o, -a を除くもの
　① 硬音 -o に終わる中性名詞は -o を除去
　② 硬音 -a に終わる女性名詞は -a を除去
　🌲 語尾を除いたとき子音が連続したら o/e(ё) を入れます。
　　　окно́　複属　о́кон 窓、сестра́　複属　сестёр 姉妹、
　　　студе́нтка　複属　студе́нток 女子学生
　🌲 複数形では全ての性で人・動物名詞は属格形＝対格形です

§3　数詞（数量詞）と名詞との結びつき方

個数詞(数量詞)に連なるとき、名詞は以下の形をとります。
1．1に連なるときは単数主格

数詞の末位	結びつく名詞の格		
1	単数主格	оди́н час	одна́ иена

2．1以外の数詞に連なるときは属格

数詞の末位	結びつく名詞の格		
2、3、4	単数属格	два часа́	две ие́ны
5～20、0	複数属格	пять часо́в	пять иен

🌲 21、22などは末位が1、2なので、それぞれ単数主格、単数属格が続きます。
　　два́дцать оди́н час　21時。　　два́дцать два часа́　22時

3．数量詞

数を表わす	複数属格	мно́го студе́нтов	ма́ло слов
量を表わす	単数属格	мно́го воды́	ма́ло воды́

数量詞とは数量や計量の単位を表わす以下のような語です。
мно́го 多、沢山、немно́го 少、ма́ло 少、ско́лько いくら、
не́сколько 若干：стака́н グラス、ча́шка カップ

▲ 注意　個数詞(数量詞)に連なる год, раз, челове́к の複数属格は лет, раз, челове́к です。また де́ти 子供の複数属格は дете́й です。

— Ско́лько челове́к у вас в семье́?　　　ご家族は何人ですか。
— У нас четы́ре челове́ка.　　　　　　わが家は4人です。
— Ско́лько часо́в в день вы рабо́таете?　1日に何時間働きますか。
— Мы рабо́таем во́семь часо́в.　　　　私たちは8時間働きます。

§4　時の表現(1)　時刻・時間の表現

ロシア語では、時刻は個数詞と順序数詞(p170)の両方で表わされます。

1．時刻、時間の尋ね方と答え方―個数詞による方法

① час「時間」は男性名詞、мину́та「分」は女性名詞です。数詞につづく名詞の形に注意（→p160）。

数詞 1	(оди́н) час	1時	одна́ мину́та	1分
2	два часа́	2時	две мину́ты	2分
5	пять часо́в	5時	пять мину́т	5分

▲ 強調するとき以外は1時の оди́н は用いず、час だけになります。

　　　два часа́ пять мину́т　　　　　　　　2時5分

「何時に」と言う場合には、前置詞 в＋対格にします。

　　　в два часа́　2時に　　　　в семь часо́в　7時に

сто шестьдеся́т оди́н　161

②時刻をたずねる質問：

— Ско́лько сейча́с вре́мени?　　　　　　いま何時ですか？
— Сейча́с (оди́н) час четы́рнадцать мину́т.　　1時14分です。
— Во ско́лько вы встаёте?　　　　　　何時にお起きになりますか。
— (Я встаю́) в 6 (шесть) (часо́в).　　　私は6時に起きます。

③朝昼晩は、у́тро「朝」день「昼」ве́чер「晩」ночь「夜」の属格形をつけて区別します。

пять часо́в **утра́**　午前5時　　в четы́ре часа́ **дня**　午後4時に
во́семь часо́в **ве́чера**　午後8時　　в во́семь часо́в **ве́чера**　夜8時に

④交通機関など事務的な場では、24時間制で表わします。

15時25分　пятна́дцать (часо́в) два́дцать пять (мину́т)

§5　時の表現(2)―年月日、週

時の表現の基本を学び、余裕があれば【飛躍】を見ましょう。

1．日付―число́「日付」に合わせて順序数詞中性単数形の主格で表し、副詞的な「～日に」は順序数詞を属格にします。

— Како́е сего́дня число́?　　　　今日は何日ですか。
— Сего́дня седьмо́е ию́ля.　　　　今日は7月7日です。
— Когда́ бу́дет ваш день рожде́ния?　お誕生日はいつになりますか。
— Седьмо́го ию́ля.　　　　　　　7月7日です。

2．週―неде́ля「週」に合わせて形容詞などの女性単数形主格で表わし、副詞的な「～週に」は на＋前置詞格にします。

про́шлая／э́та／бу́дущая (сле́дующая) неде́ля　　先週／今週／来週
на про́шлой／э́той／бу́дущей (сле́дующей) неде́ле　先週／今週／来週に

第15課

3．мéсяц「月」に合わせて形容詞などの男性単数形主格で表わし、副詞的な「～月に」は в ＋前置詞格にします。

  прóшлый/э́тот/бу́дущий мéсяц 先月／今月／来月

  в прóшлом/э́том/бу́дущем мéсяце 先月／今月／来月に

  — В какóм мéсяце родила́сь ва́ша дочь?
            娘さんは何月生まれですか。
  — В октябрé. 10月です。

4．год「年」に合わせて形容詞などは男性単数形主格で表わし、「～年に」は в ＋前置詞格にします。

  прóшлый/э́тот/бу́дущий год 去年／今年／来年

  в прóшлом/э́том/бу́дущем году́ 去年／今年／来年に

5．月日を同時にいうとき―日付の主格＋月の属格。副詞的な「何月何日に」は、月日とも属格にします。

  — Сегóдня пéрвое января́. 今日は1月1日です。
  — Он роди́лся пéрвого января́. 彼は1月1日に生まれた。

【ミニミニ辞典】

属格形が用いられる言い回しを覚えましょう。下線部が属格形です。

Э́то вопрóс <u>жи́зни</u> и <u>смéрти</u>. それは死活問題だ。
Э́то зави́сит от <u>вас</u>. それはあなた次第だ。
Скóлько <u>лет</u>, скóлько <u>зим</u>! いや久しぶり。
Друзья́ <u>мои́х друзéй</u> — мои́ друзья́. 友達の友達は友達だ。

сто шестьдеся́т три

第15課

【単語】

на 6 часов	6時(用)の	過на́чал, начала́, на́чало, на́чали	
ряд [男]	列	апре́ль [男]	4月
сеа́нс [男]	上演	сентя́брь, -я [男]	9月
начина́ться [-tsa]	始まる	поступи́ть [完]	入学する
че́рез《前》+対	〜後に	ты́сяча [女]	千
открыва́ться	開く、開かれる	миллио́н [-il'-] [男]	百万
юг	南、南部	день неде́ли [男]	曜日
закрыва́ться	閉まる、閉められる	че́тверть [女]	四分の一、15分
фильм [男]	映画	полови́на [女]	半分、30分
Хокка́йдо [男・不変]	北海道	кото́рый	何番目の
нача́ть [完]	始める		

ミニ会話

CD43

А — Да́йте мне, пожа́луйста, два биле́та на*6 (шесть) часо́в, е́сли есть.

Б — На 6 часо́в есть то́лько 2-й (второ́й), 3-й (тре́тий) и 4-й (четвёртый) ряд.

А — 4-й ряд, пожа́луйста. Сеа́нс начина́ется в 6 часо́в?

Б — Нет, в 6 часо́в 30 (три́дцать) мину́т, че́рез 25 (два́дцать пять) мину́т.

　＊ на＋対「〜に対して、用の」という意味。

【和訳】

А「すみません、もしあるなら、私に6時の切符2枚ください」

Б「6時のは2列、3列、4列しかありません」

А「4列のをください。上演時間は6時でしたね」

Б「いいえ、6時30分、25分後です」

第15課

【練習】

I．（　）内の語を適切な形にしなさい。

1． — Сколько (университет) у вас в городе?
   — У нас в городе 3 (университет).
2． — Когда открывается этот магазин?
   — Обычно он открывается в 10 (час).
3． — Сколько (день) вы отдыхали на юге?　— 4 (день).
4． — Сколько стоит эта книга?　— Эта книга стоит 24 (рубль).
5． — Когда закрываются станции метро?
   — Они закрываются в 12 (час) 30 (минута).

II．（　）内の2語のうち適切な方を選びなさい。

1． — Сколько (раз/раза) в день едят в Японии?　— 3 (раз/раза).
2． — Сколько (раз/раза) вы смотрели этот фильм?
   — Я смотрел этот фильм 5 (раз/раза).
3． — Сколько тебе (год/лет)?　— Мне 8 (год/лет).
4． — Сколько (человек/человека) у вас в семье?
   — Три (человек/человека).
5． — Сколько (время/времени) вы будете отдыхать на Хоккайдо?
   — 3 (неделя).
6． — Сколько (месяц/месяцев) вы изучали русский язык?
   — Мы изучали русский язык 4 (месяц/месяца).　(→p217)
7． — Сколько (дети/детей) было у них?
   　　　　　彼らにはお子さんは何人いらっしゃいましたか。
   — У них было три (сын/сына).　彼らには3人の息子がいました。

III．（　）内の語を適切な形に変え、次に文を日本語に訳しなさい。

сто шестьдесят пять　165

第15課

1．— Когда́ вы на́чали учи́ться в университе́те?　— Мы на́чали учи́ться в (апре́ль).

2．— Когда́ у вас бу́дут экза́мены?　— У нас бу́дут экза́мены на э́той (неде́ля).

3．У нас в шко́ле заня́тия начина́ются (пе́рвое) сентября́.

4．— Когда́ вы поступи́ли в университе́т?　— Я поступи́ла в университе́т в э́том (год), а Са́ша — в про́шлом (год).

▲ 変化のコツ—名詞、形容詞の複数形

名詞、形容詞の複数形のポイントをあらかじめみておきましょう。

	硬語尾	軟語尾	гид	писа́тель	単数
主格	-ы	-и	ги́ды	писа́тели	複数
属格	-ов	-ей	ги́дов	писа́телей	
与格	-ам	-ям	ги́дам	писа́телям	
対格	人・動物名詞＝属格		物・事名詞＝主格		
具格	-ами	-ями	ги́дами	писа́телями	
前置詞格	-ах	-ях	ги́дах	писа́телях	

1）複数形の場合、与格、具格、前置詞格は男性、女性、中性とも同じ語尾です。ただ硬音型、軟音型の区別があるだけです。

名詞の与格、具格、前置詞格はそれぞれ **-ам(-ям)**, **-ами(-ями)**, **-ах(-ях)** に終わります。

形容詞はそれぞれ **-ым(-им)**, **-ыми(-ими)**, **-ых(-их)** となります。

（　）内は軟音型の場合です。

	複数 与格	具格	前置詞格	硬音型の例		
名詞	-ам(-ям)	-ами(-ями)	-ах(-ях)	стол-а́м	стол-а́ми	стол-а́х
形容詞	-ым(-им)	-ыми(-ими)	-ых(-их)	но́в-ым	но́в-ыми	но́в-ых

сто шестьдеся́т шесть

2）複数形では男性名詞だけでなく、女性名詞、中性名詞も人・動物名詞は属格と対格が同形で、物・事名詞は主格と対格が同形です。

【飛躍】数と時の表現
A　数
I　個数詞

1．1000 ты́сяча、100万 миллио́н はそれぞれ女性名詞、男性名詞として扱います。

      ↱2に連なるので単数属格になる
  2000 две ты́сячи
     ↳女性名詞なので два ではなく две が選ばれる

2．数詞の表（→p221）にない数は―日本語と同じ順番で組み合わせます。10の代は日本語とは異なり、組み合わせではなく単一の個数詞です。

  12 двена́дцать   （単一）
  25 два́дцать пять （「20」два́дцатьと「5」пятьの組合せ）
  1347 ты́сяча три́ста со́рок семь （組合せ）

II　順序数詞

数詞の表（→p221）にない数はIの2．のようにまず個数詞を作ります。次に最後の個数詞だけを順序数詞にします。その順序数詞だけが変化します。

  2008   две ты́сячи во́семь
  2008番目の две ты́сячи восьмо́й
  2008年に в две ты́сячи восьмо́м году́
         ↳最後の数詞、これだけが順序数詞になり、変化する

第15課

Б 月一覧と年月日

I 日付、週、曜日（→p86）、月、年（→p162-163）

II 月 ме́сяц：月名は男性名詞、1-2月、9-12月のアクセントに注意

	「いつ」という問に対する答 月の主格	副詞的な「〜に」 в＋月の前置詞格
1月	янва́рь	в январе́
2月	февра́ль	в феврале́
3月	март	в ма́рте
4月	апре́ль	в апре́ле
5月	май	в ма́е
6月	ию́нь	в ию́не
7月	ию́ль	в ию́ле
8月	а́вгуст	в а́вгусте
9月	сентя́брь	в сентябре́
10月	октя́брь	в октябре́
11月	ноя́брь	в ноябре́
12月	дека́брь	в декабре́

III 年月日

1 年 год＋順序数詞男性主格（→p167）

Тепе́рь у нас две ты́сячи пятна́дцатый год.　　今は2015年です。

2 副詞的な「〜年に」в＋第二前置詞格 году́

В како́м году́ родила́сь твоя́ дочь?　　娘さんはいつ生まれたの。

В две ты́сячи пятна́дцатому году́.　　2015年に。

3 年月日を並べるとき―日付は主格か属格（→p162)、年と月も属格

第15課

Сегодня пе́рвое января́ две ты́сячи пятна́дцатого го́да. 今日は2015年1月1日です。
　　　　　↳属格　　　　　　　↳属格

Он роди́лся пе́рвого января́ две ты́сячи пятна́дцатого го́да.
　　　　　　　　　　　　　　　　　　　　2015年1月1日に生まれた。

VI その他

1 そのとき тогда́　かつて/以前 ра́ньше　いま/いまは сейча́с/тепе́рь
　　すぐに ско́ро　いずれそのうち ка́к-нибудь　おととい позавчера́
　　昨日 вчера́　今日 сего́дня　明日 за́втра　明後日 послеза́втра

2 朝昼晩と季節 времена́ го́да
　　朝 у́тро　　昼 день　　晩 ве́чер　　夜 ночь
　　朝に у́тром　昼に днём　晩に ве́чером　夜に но́чью
　　春 весна́　　夏 ле́то　　秋 о́сень　　冬 зима́
　　春に весно́й　夏に ле́том　秋に о́сенью　冬に зимо́й

▲ 時を表わす名詞に修飾語がつく場合、副詞的な「～に」はв+対格も可能
　　в э́тот год　　　今年に　　в э́тот день и час　この日この時間に
　　в хоро́шую пого́ду 好天の時に　в дождь　　　雨の時に

B 時間、時刻

1 個数詞による方法（事務的）と 2 順序数詞を用いる方法（口語的）がある。2 では分→時間の順にし、時間は順序数詞男性属格にするのが原則。以後 1、2 はこの区別を、㊛は個数詞、㊜は順序数詞を示す。

сто шестьдеся́т де́вять　169

第15課

		「いつ」という問に対する答	副詞的な「〜に」
I	正時	個＋時час	в＋「個＋時」の対格
II	〜時 〜分	1 「個＋時」＋「個＋分」 2 分の個＋時の順男性属格	1 в＋「個＋時＋個＋分」 　の対格 2 左と同じ
III	半	1 個＋30分 2 полови́на＋時の順男性 　属格	1 в＋「個＋30分」の対格 2 в＋полови́не＋時の順 　男性属格
III	15	1 個＋15分 2 че́тверть＋時の順属格	1 в＋「個＋15分」の対格 2 左と同じ
IV	他	1 без分の個属格＋時の個 　主格	1 左と同じ

I 正時

Ско́лько вре́мени？（Кото́рый сейча́с час？）　今何時ですか？

Сейча́с два часа́.　　　　　　　　　　　　今2時です。

Во ско́лько（В кото́ром часу́）вы прие́хали сюда́？ 何時に到着しましたか？

В два часа́.　　　　　　　　　　　　　　　　2時です。

II　A時B分、B分過ぎの表現

1　A時すぎ ―　　по́сле　Aの個数詞属格

　　2時過ぎ（に）　по́сле двух（часо́в）（「〜に」も同じ表現）

　A時B分 ― この順に時間、分の個数詞をならべる

　　2時10分　　　два часа́ де́сять мину́т

　　2時10分に　　в два часа́ де́сять мину́т

2　A時すぎ ―　　（A＋1）の順序数詞

　　2時過ぎ　　　тре́тий час ―　　2時から3時まで

　　2時過ぎに　　в тре́тьем часу́　　（часу́は第二前置詞格）

　A時B分 ―　　分時の順にし、Bは個数詞、次に（A＋1）の順

170　сто се́мьдесят

第15課

　　　　　序数詞男性属格
　　2時10分（に）де́сять мину́т тре́тьего（「～に」も同じ表現）

Ⅲ　半、15分

　1　2時30分　　　два часа́ три́дцать мину́т
　　　2時30分に　　в два часа́ три́дцать мину́т　в＋対格
　　　2時15分　　　два часа́ пятна́дцать мину́т
　　　2時15分に　　в два часа́ пятна́дцать мину́т

　2　2時30分　　　полови́на тре́тьего
　　　2時30分に　　в полови́не тре́тьего / в полови́не［前置詞格］＋属格
　　　2時15分（に）че́тверть тре́тьего（「～に」も同じ表現）

――15課のエッセンス――

1．個数詞と名詞とのつなげ方：個数詞1→名詞単数主格、2、3、4→名詞単数属格、5〜20及び0→複数属格。
　　В ме́сяце три́дцать дней и́ли три́дцать оди́н день.
　　　　　　　　　　　　　ひと月には30日あるいは31日あります。

2．мно́го「多」、ма́ло「少」、ско́лько「いくら」などの語は属格名詞と連なる。
　　Ско́лько часо́в в неде́лю вы рабо́таете?
　　　　　　　　　　　　　週に何時間働きますか。

сто се́мьдесят оди́н　171

УРОК №16 (ШЕСТНАДЦАТЬ)

🎧 CD 44

1. "Давай останемся друзьями". Есть ли в этой фразе хоть капля правды?
2. Если бы у меня был ваш адрес, я бы послал вам e-mail.
3. Она такая же красивая, как и Клеопатра.
4. Если тебе хочется есть — ешь. Если тебе хочется спать — спи.

【単語】

остаться [完] +[具]	～のままである	прийти [完]	(歩いて)到着する
друзьями＜друг [男複具]	友達	надо [述]	～しなければならない
ли…	か(どうか)	спросить[И], спрошу, спросишь [完]	たずねる
если бы	…すればいいのに	чужой	他人の
бы	仮定法を表わす	хотеться+[不定詞]	～したい気がする
фраза [女]	言葉、フレーズ	стадион [男]	スタジアム
хоть	せめて…でも	взрослые [複、形容詞変化]	大人
капля [女]	一滴、しずく	мало кто	～する人はほとんどいない
адрес [男]	アドレス	помнить[И]	覚えている
послать [完]	(手紙を)送る	принц [男]	王子
такой же А, как и Б	Бと同じくらいА	кусок, -ска [男]	かけら、一部
Клеопатра [女]	クレオパトラ	Земля [女]	地球
за город	郊外へ	всё, что～	～ところのすべてを
заняться [-tsa][完]+具	取り組む	молодость [女]	若者、青春時代
позвонить[И] [完]	電話する	старость [女]	老人、老年
узнать [完]	知る	※гость [男] 客、以外の -ость は女性名詞	

【和訳】
1．「友達のままでいましょう」この言葉に一片の真実でも存在するだろうか。
2．もしあなたのアドレスが手許にあったなら、あなたにＥメールを打ったのに。
3．彼女はクレオパトラと同じくらい美しい。
4．お腹がすいているのなら食べなさい。眠いなら寝なさい。

第16課

【解　説】

§1　名詞複数形の格変化

複数形与格、具格、前置詞格は、性の区別には関係なく、語末の硬音、軟音の別により2つの変化型に分かれます(→p217)。

下の例は男性名詞ですが、女性、中性でも変化語尾は同じです。

格	硬語尾	軟語尾	гид	писа́тель
与格	-ам	-ям	ги́дам	писа́тел**ям**
具格	-ами	-ями	ги́дами	писа́тел**ями**
前置詞格	-ах	-ях	ги́дах	писа́тел**ях**

	末尾	主格	属格	与格	対格	具格	前置詞格
男性	硬音	ги́ды	-ов	-ам	-ов	-ами	-ах
	硬音	столы́	-ов	-а́м	-ы́	-а́ми	-а́х
	軟音	музе́и	-ев	-ям	-и	-ями	-ях
中性	硬音	слова́	слов-	-а́м	-а́	-а́ми	-а́х
	軟音	моря́	-е́й	-я́м	-я́	-я́ми	-я́х
女性	硬音	газе́ты	газе́т-	-ам	-ы	-ами	-ах
	軟音	неде́ли	неде́ль-	-ям	-и	-ями	-ях

§2　仮定法：(もしも仮に〜ならば)

1．型：動詞の過去（と同じ）形＋бы、動詞か焦点となる語＋бы

　仮定法とは非現実的なこと、まだ実現していないことを表す動詞の形です。仮定法には時制はありません。それは「今日」、「明日」などの語や文脈によって表わされます。条件、帰結を示す文の一方しかないこともあります。

第16課

もしも昨日晴れだったら　私たちは郊外へドライブに行ったのに。
Если бы вчера́ была́ хоро́шая пого́да, мы пое́хали бы за́ город.
　　　↳条件を示す**е́сли**の直後に**бы**を置く　　　　↳動詞か焦点となる語の直後に**бы**

仮定法は話し手の望みや提案を遠回しに表現します。

Мне хоте́лось бы поговори́ть с ва́ми.
　　　　　　　　　　　　　　　ちょっとお話をしたいのですが。
Заняли́сь бы вы спо́ртом.　　　スポーツをなされればよいのに。

2．接続詞 **что** と **что̀бы**

① **что**に導かれる部分は現実のことを表わし、**что̀бы**の部分は非現実、あるいはまだ実現していないことを表わします。

Скажи́ ей, что он позвони́л мне сего́дня.
　　　　　　彼女に今日彼が私に電話をくれたと言ってください。
Скажи́ ей, что̀бы она́ позвони́ла мне сего́дня.
　　　　　　彼女に今日私に電話をくれるように言ってください。

② **что̀бы** は希望、願望、要求、目的、命令などを表わします。

Он хо́чет, что̀бы его́ дочь учи́лась в университе́те.
　　　　　　彼は娘に大学で学んで欲しいと思っています。

3．文の主語と **что̀бы** 内の主語が同じ場合には **что̀бы** の後では不定詞を用い、異なる場合（2．②）には動詞の過去形が用いられます。

Я позвони́л вам, что̀бы узна́ть, когда́ я могу́ прийти́ к вам.
　↳**я**と**узна́ть**を行う人は同じ↲
　　　　　　いつお邪魔してよいのか知るために電話しました。

§3　形容詞原級：(〜と同じくらい)
型：тако́й（же）А 形容詞原級, как（и）Б　　Бと同じくらいА
　　так（же）形容詞短語尾／副詞

сто се́мьдесят пять

第16課

いままで学んだ形容詞は他のものと程度の差を比べない形＝原級です。「～と同じくらい…」を表わすにはтако́й (же) ＋ 形容詞の原級とし、как の後に基準となるものをおきます。短語尾形の場合はтак (же) に続けます。

  Э́тот сайт тако́й же интере́сный, как и клуб.
         このサイトはクラブのようにおもしろい。
  На Хокка́йдо зимо́й так же хо́лодно, как в Москве́.
         北海道は冬にはモスクワ同様寒い。

§4　無人称文のまとめ

無人称文（1. 2.）では意味上の主語は与格で表わされ主格の主語はありません。

無人称文は人間以外のものが引き起こす自然界の状態や心身の状態、可能、不可能などを表わします。

1. 形容詞の短語尾単数中性形あるいは無人称文のみで用いられる語は次の通り

  мо́жно「～してよい、できる」、нельзя́「～してはいけない、できない」、ну́жно「必要だ」、на́до「しなければならない」

  — Мне мо́жно спроси́ть вас?　— Да, мо́жно и ну́жно.
  「おたずねしてよろしいですか」「ええ、いいですともそれに必要です」

  🔺нельзя́＋不完了体不定詞は禁止

  Чужи́е пи́сьма чита́ть нельзя́.　他人の手紙を読んではいけません。

   ＋完了体不定詞は不可能

  Э́то письмо́ нельзя́ прочита́ть.　この手紙は読めない。

2. 動詞の三人称単数（過去形では中性単数）形—特定の動詞だけがこの用法で用いられます。主語のある場合と微妙な差がでます。

Я хочу́ пить.	私は飲みたい→のどが渇いた（直接的、時には露骨な欲望表現）。
Мне хо́чется пить.	私にとって飲みたい気がする（ひかえめな希望の表現）。

3．所有文、存在文が否定される場合（→p149）

存在が否定されると主格の主語がなくなり、無人称文となります。

У них был сын.	彼らには息子がいた。
У них не́ было сы́на [属格].	彼らには息子がいなかった。
В го́роде не́ было стадио́на [属格].	街にはスタジアムがなかった。

CD45

覚えたい言い方

Все взро́слые бы́ли снача́ла детьми́, то́лько ма́ло кто из них об э́том по́мнит.　Антуан де Сент-Экзюпери, „Ма́ленький принц"

大人はみなはじめは子供だった。ただそのことを覚えている人がほとんどいないだけだ。
　　　　　　　　　　　　　　　　　　　　　　　『星の王子様』

Е́сли бы ка́ждый челове́к на куске́ земли́ свое́й сде́лал (бы※) всё, что он мо́жет, как прекра́сна была́ бы Земля́ на́ша.

この地上の片すみにいる一人一人ができる限りのことをしたなら、私たちの地球はどんなにかすばらしいものになっていたろうか。

Е́сли бы мо́лодость зна́ла, е́сли бы ста́рость могла́...

若者は知らず、老人は出来ず（若者が知っていればなあ、老人ができればなあ）。※この бы は話しことば以外では省略できます。

【単語】

хоте́л бы	～したいのですが	людьми́ [具] <лю́ди	人々
заказа́ть [完]	予約する	перево́дчик [男]	通訳

сто се́мьдесят семь　177

第16課

сто́лик [指小]＜стол [男]	レストランの席	слы́шно [述]	聞こえる
на сего́дня　今日のために, на	は予定の期間を示す	иностра́нный	外国の
интересова́ть＋対	～に興味をもたせる	наде́яться, что	～を期待する
ку́хня [女]	料理	го́рдый	誇り高い
придёте＜прийти́ [完]	到着する	ра́зный	様々な
смо́жете＜смочь [完]	できる	тала́нт [男]	才能
вы́брать, -беру́, -бере́шь [完]	選ぶ	делово́й	仕事の
удо́бный	都合のよい	бесе́да [女]	対談
нача́ло [中]	開始	де́нег [属]＜де́ньги [複]	お金
поэ́тому	そのため	за＋[具]	～をする時
поздоро́ваться [完]	～と挨拶する	пе́ред＋具	～の前に
но́вость [女]	ニュース	сон [男]	睡眠, 夢
уро́к [男]	授業	вре́дно [述]	有害である
проси́ть[И]	頼む	ве́тром [具]＜ве́тер [男]	風
докуме́нт [男]	文書	ря́дом с＋[具]	～の傍に
обща́ться с＋[具]	交際する	тобо́й [具]＜ты	

ミニ会話

CD46

А — Здра́вствуйте. Я хоте́л бы заказа́ть сто́лик в рестора́не на сего́дня, на ве́чер.

Б — Пожа́луйста. У нас не́сколько рестора́нов. Како́й вас интересу́ет?

А — Рестора́н с япо́нской ку́хней и с япо́нской му́зыкой.

Б — Пожа́луйста. У нас есть япо́нский рестора́н. Когда́ вы придёте в рестора́н, смо́жете вы́брать удо́бное для вас ме́сто. Нача́ло рабо́ты рестора́на в пять часо́в ве́чера.

А — Спаси́бо.

Б — Пожа́луйста.

【和訳】

A「こんにちは。私は今晩のレストランの席を予約したいのですが」
Б「承ります。当方にはいくつかレストランがあります。どのようなレストランがよろしいでしょうか（興味がありますか）」
A「日本料理と日本の音楽が聴けるレストランです」
Б「承知しました。当方には日本レストランがあります。ご来店のさいにはお好きな席をお選びいただけます。開店は午後5時となっています」
A「ありがとう」
Б「お待ちしております」

【練習】

I．( ) 内の複数名詞を1-2は与格、3-4は具格、5-6は前置詞格に変えなさい。

1．Ка́ждый ве́чер я звоню́ (подру́ги, роди́тели).
2．Вчера́ она́ купи́ла пода́рки (сёстры, друзья́).
3．Сейча́с преподава́тель разгова́ривает со (студе́нты, их роди́тели).
4．Он пло́хо ви́дит, поэ́тому он не поздоро́вался со (студе́нтки, преподава́тели).
5．В пи́сьмах роди́тели пи́шут об (э́ти но́вости), о (япо́нские фи́льмы).
6．На уро́ке мы говори́ли о (писа́тели, их кни́ги).

II．чтòбы に注意して下の文を和訳しなさい。

1．Прошу́ сде́лать так, чтòбы я мог чита́ть докуме́нты по-япо́нски.
2．Ну́жно изуча́ть ру́сский язы́к, чтòбы мо́жно было обща́ться с людьми́ из Росси́и.
3．Я позвони́л, чтòбы узна́ть, как чу́вствует себя́ оте́ц.

сто се́мьдесят де́вять

4. Переводчик говорил громко, чтобы всем было хорошо слышно.

5. Что нужно делать, чтобы лучше говорить на иностранном языке?

III. 下の文を和訳しなさい。

1. Я надеюсь, что мы останемся друзьями.

2. Мой сайт будет такой же интересный, как и твой.

3. Ваша внучка такая же красивая и добрая, как вы!

4. Женщина — она, как Кремль, такая же гордая, такая же красивая ...

5. Нужно изучать иностранные языки, чтобы можно было встречаться с людьми из разных стран.

6. Если бы у меня был талант, я бы стал писателем.

7. — Вы хотите, чтобы я вам помог?

8. Я хотел бы встретиться с вами для деловой беседы. Когда и где мы могли бы с вами встретиться?

9. У меня не было денег, поэтому я не купил словарь.

10. — Почему у вас за ужином едят мало? — Потому что перед сном много есть вредно.

第16課

大斎の日（Ма́сленица）のクレムリン近く（モスクワ）

―16課のエッセンス―

1. 仮定法は動詞の過去形に бы をつける。時制はなく、非現実なことや遠回しな希望を表わす。

　　Е́сли бы я была́ ве́тром, я была́ бы всегда́ ря́дом с тобо́й.
　　　　私が風だったら、あなたのそばにいつでもいるのに。

2. 動詞の中には無人称文として用いられるものがあり、主格の主語を用いた文と微妙な差が生ずる。

　Я хочу́ есть.　　　私は食べたい→お腹がすいた（直接的、時には露骨な欲望表現）。

　Мне хо́чется есть.　私にとって食べたい気がする（無人称文。ひかえめな希望の表現）。

сто во́семьдесят оди́н　181

УРОК №17 (СЕМНАДЦАТЬ)

1. Более лёгкий ноутбук удобнее, чем более тяжёлый.
2. — Ира, какой цвет вам нравится больше? — Больше светлые цвета.
3. Любовь сильнее смерти.
4. Ничего не поделаешь — надо уходить.

【単語】

более	より～な	страница [女]	(ホーム) ページ
лёгкий [-хк-]	軽い	скорее [比]	より速い
чем＋[主]	～より	любой	任意の
тяжёлый	重い	гораздо	はるかに
цвета [男複]＜цвет	色	значительно	著しく
больше [比]	より多く	самый	もっとも
светлый	明るい	Байкал [男]	バイカル (湖)
сильный	強い	глубокий	深い
смерть [女]	死	озеро [中]	湖
ничего не	何も～ない	группа [女]	グループ
поделать [完]	扱う、する	тише [比]＜тихо	静かな
уходить[и]	立ち去る	дальше [比]＜далеко	遠い
менее	より少なく		

【和訳】
1．軽いノートパソコンの方が重いものより使い勝手がよい。
2．「イーラ、どんな色が一番すきなの」「一番すきなのは明るい色よ」
3．愛は死よりも強し。
4．どうしようもない、立ち去るしかない。

第17課

【解　説】

§1　比較級

型：合成式　　бо́лее/ме́нее＋原級А＋чем Б　　БよりよりАな/Аである

　　　　　　　　　　　　　　　　　　　　　　　　　　形容詞は変化

　　　単一式短語尾型　　　語幹＋-ее

　　　　　　　　　　　　　語幹＋-е　　　　　　　形容詞は不変化

形容詞、副詞の比較級、最上級には、合成式と語そのものが変化する単一式の2通りの型があります。比較の際の「〜よりも」は「,чем」で示します。

1．合成式

бо́лее（ме́нее）と形容詞原級を組み合わせます。形容詞は、今まで学んだ通り関係する名詞に応じて性数格の変化をします。ме́нее は「〜よりも少ない程度に」という意味です。

　　　　Э́тот сайт бо́лее интере́сный, чем тот.
　　　　　　　　　　　このサイトはあのサイトよりもより興味深い。
　　　　Э́та страни́ца бо́лее интере́сная, чем та.
　　　　　　　　　　　この（ホーム）ページはあれより興味深い。
　　　※　合成式比較級は下の単一式に比べて書き言葉的です。

2．単一式（短語尾式）

単一式比較級は述語として用いられます。語幹＋-ее 形と語幹＋-е 形の2つがあります。両者は話し言葉でも、書き言葉でも用いられ、また副詞の比較級としても用いられます。

　1）**語幹＋-ее形**

　　　形容詞の多くからは、語幹＋ -ее の比較級が作られます。

原級		比較級	短語尾単数女性形
краси́в-ый	美しい	краси́в-ее	краси́в-а
но́в-ый	新しい	нов-е́е	нов-а́
холо́дн-ый	寒い	холодн-е́е	холодн-а́

— Де́вушка, скоре́е, пожа́луйста.

　　　　　　　　　　ウエイトレスさん、早くしてください。

※ -ее 形のアクセントの位置は、短語尾単数女性形と一致します。

2）語幹＋-е 形

よく用いられる約70の形容詞から語幹＋-е の比較級が作られます。語幹の形が変わることもあり注意が必要です。なお、形容詞、副詞の比較級は同じ形です。

形容詞原級		比較級	副詞原級	
бли́зкий	近い	бли́же	бли́зко	
большо́й	大きい	бо́льше	мно́го	多い
высо́кий	高い	вы́ше	высоко́	
дорого́й	大切な	доро́же	до́рого	
лёгкий	軽い	ле́гче	легко́	
ма́лый ма́ленький	小さい	ме́ньше	ма́ло	少ない
молодо́й	若い	моло́же	мо́лодо	
плохо́й	悪い	ху́же	пло́хо	
по́здний	遅い	по́зже	по́здно	
ра́нний	早い	ра́ньше	ра́но	
ти́хий	静かな	ти́ше	ти́хо	
хоро́ший	よい	лу́чше	хорошо́	

第17課

§2 比較の対象

1)「, чем」で表わします。

　　　Э́тот сайт интере́снее, чем люба́я кни́га!
　　　　　　　このサイトはどんな本よりも面白い。

　　　Он говори́л по-ру́сски лу́чше, чем я.
　　　　　　　彼は私よりもロシア語を話すのが上手だった。

　　　Москва́ бо́льше, чем Санкт-Петербу́рг.
　　　　　　　モスクワはサンクトペテルブルグよりも大きい。

　　　Биле́т сто́ил доро́же, чем я ду́мал.
　　　　　　　切符は私が思ったよりも高かった。

2) -ее形と+-е形の比較級の場合には「, чем」を除き、比較の対象となる名詞の属格で表わせます。上の例は、最後の例以外は下のようになります。

　　　Э́тот сайт интере́снее любо́й кни́ги!

　　　Он говори́л по-ру́сски лу́чше меня́.

　　　Москва́ бо́льше Санкт-Петербу́рга.

　　※　比較級の強めには**о́чень**でなく、**гора́здо, значи́тельно, ещё**などを用います。

　　　Тепе́рь я говорю́ по-ру́сски гора́здо лу́чше, чем по-англи́йски.
　　　　　　　いま私は英語よりロシア語をはるかに上手に話します。

§3 最上級

1. 合成式

1) 型：**са́мый＋形容詞の原級長語尾形。са́мый も形容詞と呼応した性数格の変化をします。**

　　　Байка́л — са́мое глубо́кое о́зеро в ми́ре.
　　　　　　↳**о́зеро** にあわせて中性、単数形になる

2) 型：**単一式比較級＋всего́／всех**は、意味上最上級になります。こ

第17課

の形は副詞としても用いられます。

всего́ (всёの属格) は「何よりも」、всех (всеの属格) は「誰よりも」を表わす。

Здоро́вье доро́же всего́ в ми́ре.　　健康がこの世で一番大切だ。
Он зна́ет ру́сский язы́к лу́чше всех в гру́ппе.
　　　　　　　　　　彼がグループで一番ロシア語を知っている。

2．**単一式**　形容詞の語幹＋-е́йший, -а́йший

-е́йший, -а́йший に終わる単一式は程度の高さ「ごく〜、とても〜」を表わし、慣用的に用いられることが多い形です。語幹が г, к, х に終わる形容詞は、г, к, х をそれぞれ ж, ч, ш に変え、-а́йший を付けます。

原級		最上級	
но́вый	新しい	нове́йший	
бли́зкий	近い	ближа́йший	(-зк が -ж と交代)

Где здесь ближа́йшая ста́нция метро́?
　　　　　　　　この辺で最寄の地下鉄の駅はどこですか。

§4　二人称単数文［普遍人称文］

Ти́ше е́дешь — да́льше бу́дешь.［ことわざ］
　　　　　　ゆっくり行けばより遠くに達することになる→急がば回れ。

話し手はもちろんのこと、誰にでも普遍的に当てはまる動作を表わす二人称単数文という文があり、ことわざなどでよく用いられます。この文では主語 ты は用いられず、動詞は二人称単数形になります。

【ミニ文典】

Лу́чше по́здно, чем никогда́.　　遅くともしないよりはまし。
Ста́рый друг лу́чше но́вых двух.　昔の友は新しい友二人にまさる。
Чем бо́льше, тем лу́чше.　　多ければ多いほどよい。

第17課

Éшьте суп и пéйте как мóжно бóльше водьí.
　　　　　　　スープを飲みできるだけ多くの水を飲みなさい。
　比較の差は、на＋対格で表わします。
Отéц стáрше мáтери на три гóда.　父は母よりも3歳年上だ。

【単語】

берѝте[命]＜брать	とる	по-мóему	私の考えでは
пирóг, а [男]	ピローグ	гольф [男]	ゴルフ
необыкновéнный	めったにない	тéннис [té-] [男]	テニス
большóй мáстер по+与	～の名人	быстрéе [比]＜быстро	より速く
Язьíк проглóтишь. [口]	とても美味しい	доéхать [完]	～まで至る、到着する
Серёжа＜Сергéй [男性名]	セリョージャ	центр [男]	中心地
пáльчик [男]	[指小形] 指	москóвский	モスクワの
облѝжешь→облизáть	[完] なめる	в то же врéмя	同時に
домáшний	家庭での	вид [男]	種類
блю́до [中]	料理（の一品）	популя́рный	人気のある
Éшьте на здорóвье.	たくさん召し上がれ	Еврóпа [女]	ヨーロッパ
по-вáшему	あなたのお考えでは	Вóлга [女]	ボルガ河

ミニ会話

CD48

А — Берѝте ещё пирогѝ.

Б — Спасѝбо. Пирогѝ прóсто необыкновéнные.

В — Женá у меня́ большóй мáстер по пирогáм. Язьíк проглóтишь! Тебé нрáвится, Серёжа?

Б — Óчень! Такѝе вкýсные пирогѝ — пáльчики облѝжешь. Действѝтельно, домáшние пирогѝ — сáмое вкýсное блю́до. Я никогдá так вкýсно не ел. Спасѝбо.

第17課

А — Е́шьте на здоро́вье.

【和訳】

А「もっとピローグをおとりになってね」
Б「ありがとう。ピローグはまったく絶品ですね」
В「うちの女房ピローグ作りの名人なんだ。ほっぺがおちちゃうよ。セリョージャ、気に入った？」
Б「とっても。こんなにおいしいピローグだと指までなめたくなるね。本当にホームメードのピローグは最高の料理だね。こんなにおいしいのはいままで食べたことがないよ。ありがとう」
А「どうぞたくさん召し上がれ」

【練習】

I．例にならって答えなさい。

例　Где лу́чше отдыха́ть, по-ва́шему: на мо́ре и́ли в лесу́? По-мо́ему, (лу́чше отдыха́ть) на мо́ре.

1．Како́й язы́к ле́гче изуча́ть, по-ва́шему: ру́сский и́ли япо́нский?
2．Где лу́чше жить, по-ва́шему: в Москве́ и́ли в Санкт-Петербу́рге?
3．Что интере́снее, по-ва́шему: игра́ть в гольф и́ли в те́ннис?
4．Как быстре́е дое́хать до це́нтра, по-ва́шему: на такси́ и́ли на метро́?
5．Что лу́чше, по-ва́шему: смотре́ть бале́т в теа́тре и́ли по телеви́зору?

II．ロシア語を日本語に直しなさい。

1．Како́е вре́мя го́да ты лю́бишь бо́льше? Наве́рное, ле́то?
2．У нас вчера́ был экза́мен. Зна́ешь, кто лу́чше всех написа́л его́? А́нна.

сто во́семьдесят де́вять　189

第17課

3．Ваша дочь такая же красивая и добрая, как вы!

4．Московский университет — самый старый и в то же время самый большой университет России.

5．Московское метро самое красивое в мире, но ещё не самое удобное.

Ⅲ．日本語の意味を表すように（　）内の語を適切な形にしなさい。

1．Завтра погода будет (хороший), чем сегодня.
　　　　　　明日は今日よりも天気がよいでしょう。

2．Ехать на метро (быстро), чем на машине.
　　　　　　地下鉄で行くのは車で行くより早い。

3．Какой вид спорта (самый популярный) в Японии?
　　　　　　日本ではどんな種類のスポーツが一番人気ですか。

4．Волга — (самый большой) река в Европе.
　　　　　　ボルガはヨーロッパ最大の河である。

5．Сёрфинг — один из (самый красивый) видов спорта.
　　　　　　サーフィンはもっとも美しいスポーツの一つだ。

17課のエッセンス

1．形容詞、副詞は原級、比較級、最上級がある。比較級、最上級には単一式と合成式の2つの型がある。

　　Труднее/более трудный вопрос/Самый трудный вопрос

2．主語を用いず、動詞を二人称単数形にして、誰にも当てはまることを述べる文（二人称単数文）がある。

　　Тише едешь—дальше будешь. 急がば回れ。

УРОК №18 (ВОСЕМНАДЦАТЬ)

1. — К вам кто́-то приходи́л без вас.
2. — Скажи́те, как пройти́ к Большо́му теа́тру?
   — Иди́те пря́мо, пото́м напра́во.
3. — Что́-нибудь переда́ть? — Переда́йте, что звони́л Серге́й.
4. — Пое́демте в како́й-нибудь выходно́й в Эрмита́ж.

【単語】

приходи́ть[И]	(歩いて)到着する、来る	проходи́ть[И]	通過する
пройти́ [完]	(〜を通って)行く	ми́мо《前》+属	〜の横を
пря́мо	まっすぐに	добро́ пожа́ловать	ようこそ
напра́во	右へ (→p222)	гость [男]	客
что́-нибудь	(任意の)何か	походи́ть[И] [完]	すこし歩き回る
како́й-нибудь	(任意の)何か	вряд ли	まさか〜まい
уйти́ [完]	(徒歩で)去る	где́-то	どこかで
въезжа́ть[-зж-]	(乗り物で)入る	прие́зжий [-зж-][名詞扱い]	よそから来た人
выходно́й[名詞扱い]	休日	быва́ть (頻度・傾向)	〜のことがよくある
выезжа́ть[-зж-]	(乗り物で)出る	когда́-нибудь	いつか
въе́хать [完]	(乗り物で)入る	где́-нибудь	どこか
вы́ехать [完]	(乗り物で)出る	никуда́ не	どこへも〜ない
уе́хать [完]	(乗り物で)去る	никто́ не	誰も〜ない

【和訳】
1. あなたのところへ留守中にどなたかが来ていました。

сто девяно́сто оди́н

第18課

2．「すみません、ボリショイ劇場はどう行ったらよいでしょうか」「まっすぐ行って、右に曲がりなさい」

3．「ご伝言はありませんか」「セルゲイから電話があったと伝えてください」

4．いつか休みにエルミタージュへ出かけましょう。

ロシアとは

　日本は一日いると本が書け、一週間いると論文が書ける。ところが一年滞在すると、頭を抱えてしまう。これは、あるロシア人の言葉です。

　ロシアとて同じこと。ロシアはアジアなのか、ヨーロッパなのかという古くて新しい問題、ロシアの理想は西欧か古来のロシアかという問題は、今も形を変えてしばしば論じられています。

　アジアや西欧と陸続きで、古来他民族と直接の交渉があったロシアでは、そもそも自分が「何人種」なのかと悩むロシア人もいるほどです。

　こんなとき人々の心にはしばしばチュッチェフ（Фёдор Иванович Тютчев）の有名な詩が浮かんできます。

Умо́м Росси́ю не поня́ть,	ロシアは理性では解けず、
Арши́ном о́бщим не изме́рить:	出来合いの尺度では量れない。
У ней осо́бенная стать —	ロシアにはロシアの個性があるのだ——
В Росси́ю мо́жно то́лько ве́рить.	ロシアはただ信ずるしかない。

умо́м [具] < ум 知性、理性
поня́ть [完] 理解する、не＋完了体不定詞は、～できない、の意味。この動詞の目的語が Росси́ю [対]
арши́ном [具] < арши́н（旧露、長さの単位）アルシン
о́бщим [具] < о́бщий 共通の、一般的な
изме́рить[И] [完] 測る、推し量る

у ней（詩、口語では＝у неё）
　それ（Росси́я）には
осо́бенный　特別の
стать [女] 体つき、性格、気質
мо́жно то́лько ＋不定詞　～しかできない
ве́рить[И] в ＋対（存在、実現、価値などを）
　信じる

【解 説】

§1　語形成 ― 接頭辞＋移動動詞
型：接頭辞＋定動詞　　→完了体の動詞
　　接頭辞＋不定動詞→不完了体のまま

　移動動詞は定動詞も不定動詞も不完了体ですが、移動動詞に空間の意味をもつ接頭辞がつくと新しい意味の動詞になります。定動詞からできるものは完了体になり、不定動詞からのものは不完了体のままです。こうしてできた動詞は移動動詞ではなく、完了体と不完了体のペアとなります。
　なお、綴りやアクセントが変わるものもあります。
идти́ は接頭辞がつく場合、-йти́ に、е́здить は -езжа́ть に変わります。

　　прийти́（徒歩で）到着する　　　уйти́（徒歩で）去る
　　въезжа́ть（乗り物で）入る　　　выезжа́ть（乗り物で）出る

§2　接頭辞の意味
よく用いられる接頭辞と基本的な意味を見ましょう。

в-	入	вы-	外、出
при-	到着	у-	不在、去
про-	間、通過	по-	始発／暫
до-	到達		

Он въе́хал в го́род.　町に入った。　　Он вы́ехал из го́рода.　町から出た。
Он прие́хал в го́род.　町に到着した。　Он уе́хал из го́рода.　町から去った。
Он прошёл ми́мо до́ма.　家の脇を通った。Он проходи́л ми́мо до́ма.　家の脇を通過中。
Вчера́ ве́чером он дое́хал до Москвы́.　彼は昨夜モスクワに到着した。
За́втра он пое́дет в Москву́.　　　　あすモスクワへ出発する(予定・意志)。

第18課

Добро́ пожа́ловать, дороги́е го́сти! Проходи́те, пожа́луйста.
ようこそいらっしゃいました、お客様。奥へどうぞ。

§3　接頭辞 по

по- は移動動詞の定動詞と不定動詞につく場合では意味が異なります。

1．по-＋定動詞は完了体で出発の意味となります。

   Мой брат пошёл на рабо́ту. 私の兄/弟は仕事に出かけました。

   Ле́том он пое́дет в Москву́. 夏に彼はモスクワへ行く（つもりだ）。

2．по-＋不定動詞も完了体で「しばらくの間〜をする」を表わします。

   И́ра походи́ла по ко́мнате. イーラはしばらく部屋の中を歩き回った。

§4　不定代名詞

型：疑問詞＋　-то　　　存在は判明
     -нибудь　存在すら不明　多くから任意の一つを選ぶ

疑問詞に **-то/-нибудь** のついた不定代名詞というものがあります。**-то** は、1．存在していることは分かるがそれ以上は述べない・述べられないときに用い、一方、**-нибудь** は 2．存在すら不明なときと、3．多くの候補の中から任意の一つを選ぶ時に用います。なお、**-то/-нибудь** の部分は変化しません。

1．— Ка́жется, я вас где́-то ви́дел. — Вряд ли. Я прие́зжий.

    「どこかであなたにお会いした気がするのですが」
    「まさか。ぼくは来たばかりですよ」

2．Быва́ли ли вы когда́-нибудь в Москве́?

    かつてモスクワにいらしたことはありませんか。

3．Дава́йте встре́тимся где́-нибудь на Арба́те!

    アルバート通りのどこかで会いましょう。

§5 否定代名詞・副詞
型：ни＋疑問詞　не　決して〜ない

ни＋疑問詞は、否定を表わすためにはさらに否定の не が必要です。
　　никудá не　どこへも〜ない　　ничегó не　なにも〜ない
　　Никтó не знáет.　誰も知らない。
　　Я никогдá нé был в Москвé.　私は一度もモスクワに行ったことがない。

【単語】

Хабáровск [男]	ハバロフスク	уезжáть [-з'з'-]	(乗り物で)去る
Витáлий [男性名]	ヴィターリー	почемý-нибудь/то	なぜか
Натáша [女性名]	ナターシャ	случúтьсяи [完]	起こる
не скáжете ли вы, ...	教えて戴けないでしょうか	обещáть [与+不定詞]	〜に〜と約束する
выходúтьи	出る、降りる	почитáть [完]	ちょっと読む
останóвка [女]	停留所	изменúтьсяи [完]	変わる

ミニ会話
CD50

А — Извинúте, но, кáжется, я вас гдé-то вúдел.
Б — Вряд ли. Я приéзжая.
А — А откýда вы приéхали?
Б — Я из Хабáровска.
А — Что вы говорúте! Я тóже из Хабáровска.
　　Давáйте познакóмимся. Óчень прия́тно, Витáлий.
Б — Натáша ...

【和訳】
「すみません、でもどこかでお会いした気がするんですが」
「まさか。私来たばかりなのよ」

第18課

「どこからいらっしゃいましたか」
「ハバロフスクです」
「ええっ！ ぼくもです」
「知り合いになりましょう。初めまして、ヴィターリーです」
「ナターシャです」

【練習】

Ⅰ．下の文を和訳しなさい。なお、（ ）内は省略可能です。

1. — Не скáжете ли вы, как доéхать до Большóго теáтра? — До Большóго (теáтра) мóжно доéхать на метрó.

2. — Скажи́те, пожáлуйста, где мне выходи́ть? Мне нýжен Большóй теáтр. — Вам выходи́ть чѐрез однý (останóвку).

3. — Когдá вы выхóдите из дóма? — Обы́чно я выхожý из дóма в 7 часóв.

4. — Откýда вы приéхали? — (Я приéхал) из Япóнии.

5. Кáждую суббóту э́та семья́ уезжáет зá город.

Ⅱ．（ ）内の適当な方を選びましょう。

1. — (Ктó-нибудь/Ктó-то) звони́л мне сегóдня? — Да, (ктó-нибудь/ктó-то) звони́л.

2. (Почемý-нибудь/Почемý-то) он не пришёл. (Чтó-нибудь/Чтó-то) случи́лось с ним?

3. (Ктó-нибудь/Ктó-то) обещáл мне дать э́ту кни́гу, но я не пóмню кто.

4. Дáйте мне (чтó-нибудь/чтó-то) почитáть, пожáлуйста.

5. Мне сказáли, что ко мне приходи́л (ктó-нибудь/ктó-то), навéрное, (ктó-нибудь/ктó-то) из студéнов.

Ⅲ．和文の意味を表わすように никтó, никогó, ничтó, ничегó の一つを選ん

第18課

で（　）内に入れなさい。

1．彼女はみんなから愛されている。彼女は誰にも愛されていない。

　　Её все люби́ли.　Её (　　　) не люби́л.

2．全員が遅刻しないで来た。遅刻しないで来たものは誰もいなかった。

　　Все пришли́ во́время. (　　　) не пришёл во́время.

3．ここは全てが変わった。ここは何も変わらなかった。

　　Здесь всё измени́лось.　Здесь (　　　) не измени́лось.

4．皆があなたに手紙を書きました。手紙をあなたに書いたものはいなかった。

　　Все писа́ли вам пи́сьма.　Пи́сем вам (　　　) не писа́л.

5．全員が家にいた。家には誰もいなかった。

　　Все бы́ли до́ма. (　　　) не́ было до́ма.

18課のエッセンス

1．一定の接頭辞＋(移動動詞の定動詞―不定動詞)→(完了体―不完了体のペア)となる

　　定動詞 идти́―不定動詞 ходи́ть → 完了体 прийти́―不完了体 приходи́ть

　　Кто́-то пришёл без тебя́.　君の留守中にどなたかが来ているよ。

　　Кто́-то приходи́л без тебя́.　君の留守中にどなたかが来てたよ。

2．疑問詞＋-то の不定代名詞→存在のみが分かっている場合に、疑問詞＋-нибудь は存在も不明か多者から任意の一つを選ぶ時に用いる。

　　Есть что́-нибудь но́вое?

　　　　　何か新しいものはありますか（あるかないかも不明）。

сто девяно́сто семь　197

УРОК №19 (ДЕВЯТНАДЦАТЬ)

1. Вы зна́ете япо́нца, кото́рый написа́л рома́н «Норве́жский лес»?
2. Я всегда́ бу́ду по́мнить то, что вы сде́лали для меня́.
3. Тот, кто оди́н раз ви́дел Су́здаль, никогда́ не забу́дет э́тот го́род.
4. Мы осма́тривали дом, где жил и рабо́тал Л. Н. Толсто́й.
5. Де́ло в том, что я не могу́ подсоедини́ть э́тот но́утбук к Интерне́ту.

【単語】

кото́рый	[関係代名詞]	ра́дость	[女] 喜び
Норве́жский лес	ノルウェーの森	когда́	[関係副詞] ～する時
забы́ть, -бу́ду, -бу́дешь	[完] 忘れる	Ф. М. Достое́вский	ドストエフスキー
осма́тривать	見学する	впервы́е	初めて
где	[関係副詞] ～する所の	уви́деть[И] [完]	(～と)会う
Л. Н. Толсто́й	トルストイ	конча́ться	[-tsa] 終わる
де́ло в том, что …	困ったことに	несмотря́ на то, что	～にもかかわらず
подсоедини́ть[И][完]	(к+与)…と接続する	по́сле того́ как	～をしたあと
кто	[関係代名詞] ～する人は	сдать, сдам, сдашь	[完] 合格する
что	[関係代名詞] ～するものは		

198　сто девяно́сто во́семь

【和訳】
1．長編『ノルウエーの森』を書いた日本人をご存知ですか。
2．私はこのご親切は決して忘れません。
3．一度スズダリを目にした人は決してその町を忘れられません。
4．私たちはЛ.Н.トルストイが生活し働いた家を見学しました。
5．困ったことに、このノートパソコンをインターネットに接続できないのです。

※4．Л. Н. Толсто́й は Лев Никола́евич Толсто́й と読みます。Л. Н. が何の略かわからない場合は Л. Н. を読みません。

第19課

【解　説】

§1　関係代名詞　кото́рый

型：　　　　　　先行詞の性、数に合わせ、格は後ろの節で必要とする格
　　　　　　　　　　　　　↓
　　　　先行詞→コンマ（,）кото́рый の節
　　　　　　　　　　　　　↓
　　　　　　　　変化は形容詞 но́вый と同じ

1．関係代名詞・副詞

　一般に関係詞は前の文の単語（先行詞）を受け、後ろの文に結びつけるものです。そのさい、先行詞に制限があることが多いのですが、関係代名詞 кото́рый にはその制限がありません。

　кото́рый の変化は но́вый と同じです。

　男性形 кото́рый、中性形 кото́рое、女性形 кото́рая、複数形 кото́рые

　なお、関係詞に導かれる節は、他の部分と必ずコンマで区切られます。

2．用法

　関係代名詞の性、数は先行詞に合わせ、格は後ろの節で必要とする格にします。

　1）下の2文を関係代名詞で結ぶなら、он が男性単数主格なので、同じく男性単数主格の関係代名詞 кото́рый が選ばれます。

　　　Э́то но́вый студе́нт. Он прие́хал из Москвы́.
　　　　　　　　こちらが新入生です。　彼はモスクワから来ました。

　　　　　　　先行詞→関係代名詞
　　　　　　　　↑　　　　↓
　　　Э́то но́вый студе́нт, кото́рый прие́хал из Москвы́.
　　　　　　　　こちらがモスクワから来た新入生です。

　студе́нт を студе́нтка［女性主格］に変えれば、関係代名詞は女性主

格の кото́рая になります。

 Э́то но́вая студе́нтка, **кото́рая** прие́хала из Москвы́.

2）**кото́рый** は何かの定義に用いられます。

 Учи́тель — э́то тот челове́к, **кото́рый** идёт с тобо́й ря́дом, да́же е́сли ты оди́н. 　　　教師とはたとえあなたが一人ぼっちだとしても、一緒に歩んでくれる人のことです。

 тот, та …は先行詞を強調する語です（→p219）

§2　関係代名詞 кто, что
型：先行詞　тот/все, кто　～する人は／～する人は皆
　　　　　то/всё, что　　～するものは／～する物は皆

кто, что の先行詞には制限があります。

1．先行詞に制限— кто の先行詞＝тот, все
　　　　　　　　что の先行詞＝то, всё

 先行詞は主文中の必要に応じて変化します。

2．変化

 変化は疑問詞の кто, что の場合と同じです（→p219）。кто, что はそれぞれ三人称男性単数、三人称中性単数として扱われます。

3．用法　　　　　┌да́рит の主語となっている

 Лю́ди лю́бят **тех, кто** да́рит ра́дость.　　人々は喜びをもたらす人を愛します。

    └лю́бятの目的語なので тот は複数対格形 тех

 Я говорю́ **то, что** действи́тельно ду́маю.　　私は本心を話しているのです。

第19課

§ 3　関係副詞　где, когда́

型：先行詞　　時の意味を持つ語　　　　　→関係副詞　когда́
　　　　　　　場所の意味を持つ語　　　　　　　　　　где

時間の意味を持つ先行詞には **когда́** が、場所の意味を持つ先行詞には **где** が用いられます。

　　Я зна́ю **го́род, где** ра́ньше жил Ф. М. Достое́вский.
　　　　　　私はドストエフスキーが昔住んでいた町を知っています。
　　Я по́мню **тот день, когда́** впервы́е уви́дел вас.
　　　　　　初めてあなたにお目にかかった日を覚えています。

🔺　ことわざ・格言では先行詞と関係代名詞との語順が変わります。
　　Всё хорошо́, **что** хорошо́ конча́ется.　終わりよければすべてよし。
　　Кто не рабо́тает, **тот** не ест.　働かざる者食うべからず。
　　Там хорошо́, **где** нас нет.　私たちのいないところは素晴
　　　　　　　　　　　　　　　　　　　らしい。→隣の芝生は青い。

§ 4　что, кто などを含んだ表現

что, кто などを含んだ言葉は表現の可能性を広げます。代表的なものを覚えましょう。

несмотря́ на то(,) что　～にもかかわらず、**по́сле того́ как**　～の後に、**потому́ что**　なぜならば

　　Мы вы́шли из до́ма, **несмотря́ на то, что** шёл дождь.
　　　　　　　　　　　　　雨が降っていたが私達は外出した。
　　По́сле того́ как я сдам экза́мены, я пое́ду в Росси́ю.
　　　　　　　　　　　私は試験にパスしたらロシアへ行きます。
　　Сего́дня самолёты не лета́ют, **потому́ что** сего́дня плоха́я пого́да.
　　　　　　　　　今日は飛行機は欠航です。なぜなら天気が悪いからです。

第19課

【単語】

ма́рлевая повя́зка	[女]マスク、ガーゼの包帯	криптоме́рия [女]	杉
медсестра́ [女]	看護師	перее́хать [完]	引越しする
носи́тьи [移動・不定]	身につけている	поро́да [女]	（動植物の）種類
же	（直前の語を強調）	увы́	ああ、残念
тепе́рь	いま	зато́	その代わり
мо́дно [述]	流行である	то́поль [男]	ポプラの一種
совсе́м не так	全く異なる	ле́кция [女]	講義
боле́ть＋具	～にかかっている	принёс [完過去]＜принести́	もたらす、もって到着する
просту́да	風邪	жизнь [女]	人生、生活
зарази́тьи [完]	感染させる	ошиба́ться [-tsa]	間違える
други́е [形容詞変化]	ほかの人	необыча́йно	ことのほか
мо́жет быть [挿入語]	たぶん	поле́зно [短]	有益だ、役に立つ
страда́ть＋具	悩む、苦しむ、かかる	получи́тьи [完]	受け取る
поллино́з [男]	（医学）花粉症	Пу́шкин	（詩聖）プーシキン
в после́днее вре́мя	最近	дере́вня [女]	村、田舎
сенна́я лихора́дка	花粉症	се́вер [男]	北、北国
му́читьи	苦しめる	провести́ [完]	すごす
мно́гий	多くの（人）	вперёд	前方へ
в том числе́ и ～	～を含めて	наза́д	後方へ、～前
аллерги́ческий диате́з [-té]	アレルギー体質	настрое́ние [中]	気分、ムード
расти́, расту́, растёшь	育つ	одному́ [男与]＜оди́н	１人

ミニ会話　　　　　　　　　　　　　　　　　　　　CD52

А — Са́то-сан, кто они́, вот э́ти лю́ди с ма́рлевой повя́зкой?　Все они́ врачи́ и медсёстры?
　　Или же носи́ть повя́зку — э́то тепе́рь мо́дно в Япо́нии?

Б — Совсе́м не так.　Почти́ все те, кто но́сит повя́зку, боле́ют

две́сти три　203

第19課

просту́дой и боя́тся зарази́ть други́х. И́ли, мо́жет быть, они́ страда́ют поллино́зом. В после́днее вре́мя сенна́я лихора́дка му́чит мно́гих япо́нцев, в том числе́ и меня́. У меня́ аллерги́ческий диате́з.

А — Не зави́дую.

Б — Как я хоте́л бы жить там, где не растёт криптоме́рия!

А — Вы бы перее́хали в Росси́ю! Там совсе́м нет тако́й поро́ды.

Б — Увы́, зато́ в ва́шей стране́ растёт то́поль!

【和訳】

А 「佐藤さん、あのマスクをかけている人たちどういう人ですか。みんな医者と看護師さんですか。それともマスクが今日本ではファッションですか」

Б 「いいえとんでもありません。マスクをかけている人はほとんど風邪でうっかり人にうつしてはまずいと思っているのです。あるいは、花粉症に悩んでいるのかもしれません。最近花粉症に苦しむ日本人が多いのです。ぼくもそうですが。アレルギー体質なものですから」

А 「お気の毒に」

Б 「杉の生えていないところに住めればなー」

А 「ロシアへ引越しなされば。あそこはそういう木はありませんよ」

Б 「でもその代わりお国にはポプラが生えていますよね、残念」

ミニ文法表

1. кото́рыйの全変化を見ましょう。

	主格	属格	与格	対格	具格	前置詞格
男性形	кото́р-ый	кото́рого	кото́рому	кото́рого/ый	кото́рым	кото́ром
中性形	кото́р-ое	〃	〃	кото́рое	〃	〃

第19課

| 女性形 | котóр-ая | котóрой | котóрой | котóрую | котóрой | котóрой |
| 複数形 | котóр-ые | котóрых | котóрым | котóрых/ые | котóрыми | котóрых |

тот, то の変化形

| тот | тогó | томý | тогó/тот | тем | (о) том |
| то | 〃 | 〃 | то | 〃 | 〃 |

【練習】

I. 下の文の（ ）内にкотóрыйの適切な形を入れなさい。

Это нóвый студéнт, (属格) нé было вчерá на лéкции.

　　　　　　　　　　　　　　　　　昨日の講義を休んだ

　　　, (与格) я вчерá звонúл.　　　私が昨日電話した

　　　, (対格) мы хорошó знáем.　　私達がよく知っている

　　　,с (具格) я учúлся в Москвé.

　　　　　　　　　　　　　　モスクワで一緒に学んだ

　　　,о (前置詞格) онú говорúли вчерá.

　　　　　　　　　　　　　　昨日彼らが話題にした

Это нóвая студéнтка, брат (属格) хорошó говорúт по-рýсски.

　　　　　　　　　　　　　　上手にロシア語を話す兄のいる

　　　, (与格) я вчерá звонúл.　　　私が昨日電話した

　　　, (対格) мы вúдели на вéчере.

　　　　　　　　　　　　　　パーティーで見かけた

　　　,с (具格) я учúлся в Москвé.

　　　　　　　　　　　　　　モスクワで一緒に学んだ

　　　,о (前置詞格) онú говорúли вчерá.

　　　　　　　　　　　　　　昨日彼らが話題にした。

двéсти пять

第19課

II. （　）内に что の適切な形を入れなさい。

1. Это всё, (　) я знаю об этом.
2. Он иногда говорит не то, (　) думает.
3. Ты принёс то, (　) обещал?
4. Он видит то, (属格に) не видит никто.
5. Никогда не говори о том, (属格に) не знаешь.

III. （　）内の語を適切な形に変えなさい。8.～10.番は適切な方を選びなさい。

1. Любить — значит жить жизнью (тот), (кто) любишь.
2. Не ошибается (тот), (кто) ничего не делает.
3. (Тот), (что) мы изучали в университете, необычайно полезно.
4. (Кто) не идёт вперёд, (тот) идёт назад.
5. Я получил письмо от друга, с (который) я вместе учился в школе.
6. Это новый студент, сестра (который) прекрасно говорит по-японски.
7. Девушка, (которая) звали Катя, часто приходила к нам.
8. В России есть много мест, (где / когда) можно приятно провести время.
9. Деревня, (где / когда) он родился, находится на севере.
10. У вас будет день, (где / когда) вы будете чувствовать себя счастливым.

第19課

モスクワの旧アルバート通り

―――19課のエッセンス―――

1. 関係代名詞 кото́рый の形は先行詞と性、数を合わせ、格は後続の文の必要とする格となる。変化は но́вый と同じ。先行詞に制限がないのでロシア語ではもっともよく用いられる。

   Для него́ она́ ста́ла дру́гом, кото́рого он люби́л, кото́рому он ве́рил, о кото́ром ду́мал, когда́ был далеко́.
   彼にとって彼女は愛し、信頼し、遠くにあって思いを寄せる友となった。

2. 関係副詞 когда́ は時の意味を持つ語を、где は場所の意味を持つ語を先行詞として用いる。

   Быва́ет настрое́ние, когда́ челове́ку хо́чется оста́ться одному́.　人には一人でいたいと思う気分のときがあるものです。

УРОК №20 (ДВАДЦАТЬ)

🆑53

1. a) — Вы читáли ромáн «Живи́ и пóмни»? — Да, (я) читáл.

   b) — Вы прочитáли егó? — Да, (я) прочитáл.

2. a) Когдá они́ осмáтривали гóрод, бы́ло óчень хóлодно.

   b) Когдá они́ осмотрéли гóрод, они́ вернýлись в гости́ницу.

3. Санкт-Петербýрг всегдá посещáется инострáнными тури́стами.

4. Как ни трýден э́тот вопрóс, он дóлжен быть решён.

【単語】

осмотрéть^И [完]- осмáтривать 見学する	рассказáть [完]- расскáзывать 物語る
вернýться[完]- возвращáться 帰る	встрéтить^И [完]- встречáть 出迎える
посещáться-(посети́ться^И[完]) 訪問される	дать [完]- давáть 与える
тури́ст [男]　観光客	вы́учить^И [完]- учи́ть^И 覚える
решён<реши́ть^И [完] 解決された	кóнчить [完]- кончáть 終わる
реши́ть^И [完]- решáть 解決する	отдохнýть [完]- отдыхáть 休息する
отвéтить^И -[完] отвечáть 答える	поýжинать [完] 夕食をとる
смотрéть^И в окнó 窓越しに見る	прóдан<продáть [完]-продавáть 売られたく売る
пострóить^И [完]- стрóить 建設する	стрóиться^И 立つ、建てられる
начáть [完]- начинáть 始める	

【和訳】
1．a）「あなたは小説『生きよそして忘れるな』を読んだことがありますか」「はい、あります」
　　b）「あなたはそれを読み終わりましたか」「はい、読み終わりました」
2．a）彼らが町を見学していたときはとても寒かった。
　　b）彼らは町を見学してホテルに戻った。
3．サンクト・ペテルブルグにはいつも外国人観光客が訪れています。
4．その問題はいくら難しくとも解決されねばならない。

第20課

【解　説】

§1　動詞の体［アスペクト］(2)

型：動詞　→　完了体か不完了体かに二分される

1．話し手が、動作を時間的にどう見るかによって、完了体と不完了体が使い分けられます。完了体は動作に一区切りをつけ（完了・終了が多い）、場面を進展させますが不完了体はそうではありません。
　　1）完了体　─ 動作の完了・終了、結果の達成・残存、具体的な一回の動作を表わす。（関心はふつう次の動作・場面に移る）
　　2）不完了体─ 動作の不完了、過程、反復、動作の種類・有無、経験、一般論を表わす。

2．用法

完了体　　　　　　　　　　　　　　不完了体

Я прочитáл ромáн.　具体的一回の完了と結果　　Я читáл ромáн.　過程、事実
　読み終えた（だから本を貸せる…等）　　　　　読んでいた（読んだ）

Я напишý письмó.　未来の完了　　Я чáсто пишý пи́сьма.　反復
　書き上げる（次に出かけよう…等）　　　　　よく手紙を書く

Нýжно отвéтить на егó письмó.　具体的一回の動作　　Нýжно отвечáть грóмко.　一般論
　彼の手紙に返事を書く必要がある　　　　　　大きな声で答える必要がある

3．дóлго 長い間、всегдá いつも、чáсто しばしば、кáждый день 毎日、обы́чно ふつう、などの副詞はふつう不完了体とともに用いられ、不完了体動詞の意味をはっきりさせます。
　　Студéнты **всегдá** мнóго читáют.　学生たちはいつも沢山読書します。
　　Он **обы́чно** пи́шет e-mail вéчером.
　　　　　　　　　　　　　彼はメールを書くのはふつう夕方です。
　　Я **дóлго** сидéл и смотрéл в окнó.

210　двéсти дéсять

私は長いこと坐って窓の外を眺めていた。

なお、開始、継続、終了を意味する動詞に続く不定詞は、不完了体に限られます。

┌─不完了体動詞

Мы **нача́ли** изуча́ть ру́сский язы́к в апре́ле.

私たちがロシア語の勉強を始めたのは4月です。

§2 体のペア

動詞は必ずどちらかの体に属し、多くの場合、中心的な意味が同じ不完了体と完了体の動詞はペアとなります。

完了体と不完了体のペアには綴りの一部が変わるもの（1．接頭辞や2．接尾辞を加えるもの）と3．全く異なるものがあります。

完了体	不完了体		完了体	不完了体	
прочита́ть	чита́ть	読む	пообе́дать	обе́дать	昼食をとる
написа́ть	писа́ть	書く	сде́лать	де́лать	する
постро́ить	стро́ить	建てる	вы́учить	учи́ть	覚える
нача́ть	начина́ть	始める	ко́нчить	конча́ть	終える
рассказа́ть	расска́зывать	物語る	отдохну́ть	отдыха́ть	休養をとる
встре́тить	встреча́ть	会う	взять	брать	取る
дать	дава́ть	与える	сказа́ть	говори́ть	言う

※ この課の新出単語欄では体のペアを‐で示しています。

§3 体と時制

	過去形	現在形	未来形
不完了体	чита́л	чита́ю	бу́ду чита́ть
完了体	прочита́л	прочита́ю	

不完了体には過去形、現在形、未来形という明確な区別があります。完

了体は「読んでしまう」で分かるとおり、現在形が未来の意味を表わすので、特別な未来形が必要なく、現在形と過去形の区別しかありません。

▲ 完了体の動詞をつねに「～してしまう」と訳す必要はありません。

§4 動作の順番と同時動作

型：完了体の連続使用 → 動作の順番（順次性）
　　不完了体の連続使用→ 同時動作（同時性）

ふつう完了体動詞を同一の文の中で連続に用いると、その順番に動作が行われることを表わします。一方、不完了体の動詞を連続して用いると、同時になされる動作の意味になるのがふつうです。

Студе́нты поу́жинали и пошли́ в клуб.
　　　　　学生達は夕食をとってからクラブに出かけた。
Когда́ студе́нты поу́жинали, пошли́ в клуб.　同上
Когда́ жена́ писа́ла пи́сьма, муж гото́вил обе́д.
　　　妻が手紙を書いていた時に、夫はディナーを作っていた。

§5 受身の表現

型：主語　＋быть 動詞＋受動分詞＋具格　　完了した・する結果
　　　　　＋不完了体の ся 動詞　＋具格　　反復、過程、一般論

動作が完了した結果・状態を表わす場合（「～された・される」）の受身は１．完了体から作られる受動分詞を用います（→p220）。一方、２．動作の反復、進行中・過程、一般論などの意味の受身は不完了体の ся 動詞で表わします。動作を行う人は具格で表わされます。

1．受動分詞型— быть ＋受動分詞の短語尾形。時制は быть が表わします。受動分詞 -нный の短語尾形は н を１つにします。

212　две́сти двена́дцать

Все биле́ты **про́даны.** 切符売り切れ。(だからいまはない、の意味)

Все биле́ты **бы́ли про́даны.** 切符は売り切れだった。

Все биле́ты **бу́дут про́даны.** 切符は売り切れるだろう。

2．不完了体の ся 動詞型―時制は動詞の変化で表わします。

Дом стро́ится (стро́ился) рабо́чими.
建物は労働者によって建てられている（いた）。

▲ 話し言葉では受身の意味で三人称複数文（→p107）がよく用いられます。

【単語】

ребя́та	（呼びかけ）みんな	пре́жде чем ～	より先に
око́нчить[и] [完] - ока́нчивать	卒業する	сдать [完] - сдава́ть	合格する
шко́ла [女]	（高校までの）学校	зада́ча [女]	課題
вуз [男]	大学	наконе́ц	やっとのことで
ве́нчурное предприя́тие [中]	ベンチャー企業	опа́здывать - опозда́ть [完]	遅刻する
уво́лен < уво́лить[и][完]	解雇された、解雇する	опя́ть	またまた、再び
по 《前》＋与	～のために	домо́й	家へ
сокраще́ние [中]	人員整理、縮小	изучи́ть[и] [完] - изуча́ть	勉強する
порабо́тать [完]	しばらく働く	продолжа́ть	続ける
одновреме́нно	同時に	напи́санный < написа́ть [完]	書かれた
вече́рнее отделе́ние [中]	夜間部	изве́стный [-sn-]	有名な
молоде́ц [男]	（賛辞）立派、やったね	ста́рший курс	上級クラス
жи́зненный	人生の	МГУ: Моско́вский госуда́рственный университе́т	モスクワ国立大学
реша́ться	解決されている	чита́ться	読まれる
у нас с ва́ми	私たちには	организова́ться [-tsa]	組織される
впереди́	前方に		

第20課

── ミニ会話 ── CD54

А — Ребя́та, когда́ вы око́нчите шко́лу, куда́ пойдёте учи́ться?

Б — Я не бу́ду поступа́ть в вуз, пойду́ рабо́тать в ве́нчурное предприя́тие: мой оте́ц уво́лен по сокраще́нию.

В — Мы ду́маем, что снача́ла ну́жно порабо́тать, а пото́м идти́ в вуз.

Г — А я бу́ду рабо́тать и одновреме́нно учи́ться в университе́те на вече́рнем отделе́нии.

А — Молоде́ц, прекра́сно! Так тепе́рь у нас решён вопро́с о жи́зненном пути́.

В — Нет, что ты! Вопро́с то́лько ещё реша́ется. У нас с ва́ми всё впереди́.

А — Но пре́жде чем ду́мать о бу́дущей жи́зни, на́до снача́ла сдать экза́мены.

【和訳】

А「みんな、高校を卒業したらどこに進学するの」

Б「ぼくは大学には進まないよ、ベンチャー企業に就職するんだ。親父がリストラで会社をクビになっちゃってね」

В「あたしたち、まず最初は働いて、それから進学しなければと思うの」

Г「ぼくは働きながら同時に大学の二部で勉強するんだ」

А「えらい、素晴らしい。これでぼくらの進路も問題解決だね」

В「何言っているの。問題はようやく解決されだしたばかりよ。私たちすべてこれからでしょう」

А「でも、将来の人生を考える前に、まず試験にパスしなければ」

【練習】

Ⅰ．副詞や構文に注意して（　）内の適切な方を選びなさい。

1. a) Он до́лго (чита́л — прочита́л) журна́л.
   b) Он до́лго (реша́л — реши́л) зада́чу и наконе́ц (реша́л — реши́л) её.
2. a) Рабо́чие (стро́или — постро́или) э́ту шко́лу год.
   b) Рабо́чие (стро́или — постро́или) шко́лу, и тепе́рь в ней у́чатся де́ти.
3. a) Она́ ча́сто (опа́здывала — опозда́ла) на уро́ки.
   b) Сего́дня она́ опя́ть (опа́здывала — опозда́ла).
4. a) Вчера́ она́ (писа́ла — написа́ла) пи́сьма.
   b) Вчера́ она́ (писа́ла — написа́ла) два письма́ и пошла́ на по́чту.
5. a) Когда́ она́ е́хала в метро́, она́ (чита́ла — прочита́ла).
   b) Когда́ И́ра верну́лась домо́й, она́ (начина́ла — начала́) гото́вить у́жин.

Ⅱ．下の（　）内の適切な方を選びなさい。

1. Они́ на́чали (изуча́ть — изучи́ть) ру́сский язы́к в апре́ле.
2. Ка́ждый день они́ (начина́ют — начну́т) рабо́тать в во́семь часо́в.
3. Я (начина́л — на́чал) изуча́ть ру́сский язы́к, когда́ мне бы́ло 20 (= два́дцать) лет.
4. Обы́чно И́ра (конча́ет — ко́нчит) рабо́тать в пять часо́в, но сего́дня она́ (конча́ла — ко́нчила) в шесть.
5. По́сле обе́да студе́нты продолжа́ли (смотре́ть — посмотре́ть) телеви́зор.

Ⅲ．和文の意味を表わすように（　）内の語を適切な形に直しなさい。

1. この本は有名な日本人作家の手になるものです。
   Э́та кни́га (напи́санный) изве́стным япо́нским писа́телем.
2. この長編はすでに上級生によって読まれています。
   Э́тот рома́н уже́ (прочи́танный) студе́нтами ста́рших ку́рсов.

第20課

3．モスクワ大学は外国人学生によってしばしば訪問されます。

МГУ ча́сто (посеща́ться) иностра́нными студе́нтами.

4．日本史の講義は有名な教授によってなされています。

Ле́кция по япо́нской исто́рии (чита́ться) изве́стным профе́ссором.

5．クレムリン旅行は私達の大学によって組織されます。

Экску́рсия в Кремль (организова́ться) на́шим университе́том.

―20課のエッセンス―

1．動詞のうち、動作に一区切りをつける・終了することを意識して使うのが完了体で、そうでないものを不完了体と言う。完了体を連続して用いると動作の順番を、不完了体の場合、同時動作になることが多い。

Когда́ я у́жинал, она́ пила́ чай.

　　　ぼくが夕食を取っていたとき、彼女は紅茶を飲んでいた。

Когда́ я поу́жинал, мы пошли́ в теа́тр.

　　　私が夕食をとってから、私たちは劇場に出かけた。

2．受身は完了体的な受身（動作が完了した結果・状態）は受動分詞過去形が表わす。不完了体的な受身（動作の反復、進行中・過程、一般論などの意味）は不完了体の -ся 動詞で表わす。

Все биле́ты <u>про́даны</u>.　切符売り切れ（いまはもうないの意味）。

Япо́нская литерату́ра <u>изуча́ется</u> студе́нтами ста́рших ку́рсов.　日本文学は上級生によって学ばれます。

ロシア語変化のエッセンス

男性名詞 / 中性名詞

	硬子音	-ь	-й	-ий	-о	-е	-ие	-мя
	机	日	博物館	天才	窓	野原	建物	名前
単主	стол	день	музе́й	ге́ний	окно́	по́ле	зда́ние	и́мя
属	стола́	дня	музе́я	ге́ния	окна́	по́ля	зда́ния	и́мени
与	столу́	дню	музе́ю	ге́нию	окну́	по́лю	зда́нию	и́мени
対	стол	день	музе́й	ге́ний※	окно́	по́ле	зда́ние	и́мя
具	столо́м	днём	музе́ем	ге́нием	окно́м	по́лем	зда́нием	и́менем
前	столе́	дне	музе́е	ге́нии	окне́	по́ле	зда́нии	и́мени
複主	столы́	дни	музе́и	ге́нии	о́кна	поля́	зда́ния	имена́
属	столо́в	дней	музе́ев	ге́ниев	о́кон	поле́й	зда́ний	имён
与	стола́м	дням	музе́ям	ге́ниям	о́кнам	поля́м	зда́ниям	имена́м
対	столы́	дни	музе́и	ге́нии※	о́кна	поля́	зда́ния	имена́
具	стола́ми	дня́ми	музе́ями	ге́ниями	о́кнами	поля́ми	зда́ниями	имена́ми
前	стола́х	днях	музе́ях	ге́ниях	о́кнах	поля́х	зда́ниях	имена́х

▲ -ц に終わる名詞はアクセントが語尾にあれば単数具格 -о́м、複数属格 -о́в、語尾になければ単数具格 -ем、複数属格 -ев：отцо́м, отцо́в；япо́нцем, япо́нцев

▲ ж, ч, ш, щ に終わる名詞はアクセントが語尾にあれば単数具格 -о́м、語尾になければ -ем、複数属格はともに ей（ей）※人の意味では属格と同形

女性名詞 / 例外

	-а	гкхжчшщ-а	-я	-ь	-ия	子ども	人々
	ママ	本	週	夜	軍隊		
単主	ма́ма	кни́га	неде́ля	ночь	а́рмия		
属	ма́мы	кни́ги	неде́ли	но́чи	а́рмии		
与	ма́ме	кни́ге	неде́ле	но́чи	а́рмии		
対	ма́му	кни́гу	неде́лю	ночь	а́рмию		
具	ма́мой	кни́гой	неде́лей	но́чью	а́рмией		
前	ма́ме	кни́ге	неде́ле	но́чи	а́рмии		
複主	ма́мы	кни́ги	неде́ли	но́чи	а́рмии	де́ти	лю́ди
属	мам	книг	неде́ль	ноче́й	а́рмий	дете́й	люде́й
与	ма́мам	кни́гам	неде́лям	ноча́м	а́рмиям	де́тям	лю́дям
対	мам	кни́ги	неде́ли	но́чи	а́рмии	дете́й	люде́й
具	ма́мами	кни́гами	неде́лями	ноча́ми	а́рмиями	детьми́	людьми́
前	ма́мах	кни́гах	неде́лях	ноча́х	а́рмиях	де́тях	лю́дях

▲ мать（дочь も同じ）の変化　мать, ма́тери, ма́тери, мать, ма́терью, ма́тери
複数 ма́тери, матере́й, матеря́м, матере́й, матеря́ми, матеря́х

1. 典型的な形容詞

主	но́вый/ое	но́вая	но́вые	си́ний/ее	си́няя		си́ние
属	но́вого	но́вой	но́вых	си́него	си́ней		си́них
与	но́вому	но́вой	но́вым	си́нему	си́ней		си́ним
対	но́вый※/ое	но́вую	но́вых/ые※	си́ний※/ее	си́нюю		си́них/ие※
具	но́вым	но́вой	но́выми	си́ним	си́ней		си́ними
前	но́вом	но́вой	но́вых	си́нем	си́ней		си́них

2. 正書法を適用 語幹 г к х   ж ч ш щ

主	ру́сский/ое	ру́сская	ру́сские	хоро́ший/ее	хоро́шая	хоро́шие
属	ру́сского	ру́сской	ру́сских	хоро́шего	хоро́шей	хоро́ших
与	ру́сскому	ру́сской	ру́сским	хоро́шему	хоро́шей	хоро́шим
対	ру́сский※/ое	ру́сскую	ру́сских/ие※	хоро́ший※/ее	хоро́шую	хоро́ших/ие※
具	ру́сским	ру́сской	ру́сскими	хоро́шим	хоро́шей	хоро́шими
前	ру́сском	ру́сской	ру́сских	хоро́шем	хоро́шей	хоро́ших

3. 語尾にアクセントのある形容詞

主	молодо́й/о́е	молода́я	молоды́е
属	молодо́го	молодо́й	молоды́х
与	молодо́му	молодо́й	молоды́м
対	молодо́й※/о́е	молоду́ю	молоды́х/ы́е※
具	молоды́м	молодо́й	молоды́ми
前	молодо́м	молодо́й	молоды́х

4. 語幹が г к х / ж ч ш щ に終わり語尾にアクセントがある形容詞
― 2. 3. が同時に生じる型で、硬変化/軟変化とも語尾は同じになる

主	како́й/о́е	кака́я	каки́е	чужо́й/о́е	чужа́я	чужи́е
属	како́го	како́й	каки́х	чужо́го	чужо́й	чужи́х
与	како́му	како́й	каки́м	чужо́му	чужо́й	чужи́м
対	како́й※/о́е	каку́ю	каки́х/и́е※	чужо́й※/о́е	чужу́ю	чужи́х/и́е※
具	каки́м	како́й	каки́ми	чужи́м	чужо́й	чужи́ми
前	како́м	како́й	каки́х	чужо́м	чужо́й	чужи́х

人称代名詞

	私	君	彼、それ	彼女、それ	我々	あなた	彼ら	自分	前置詞一覧
主	я	ты	он/оно́	она́	мы	вы	они́		
属	меня́	тебя́	его́	её	нас	вас	их	себя́	у для от с из
与	мне	тебе́	ему́	ей	нам	вам	им	себе́	к по
対	меня́	тебя́	его́	её	нас	вас	их	себя́	в на за про
具	мной	тобо́й	им	ей	на́ми	ва́ми	и́ми	собо́й	с над под за
前	мне	тебе́	нём	ней	нас	вас	них	себе́	в на при по

ロシア語変化のエッセンス

所有形容詞

	私の			我々の			
主	мой/моё	моя́	мои́	наш/на́ше	на́ша	на́ши	
属	моего́	мое́й	мои́х	на́шего	на́шей	на́ших	о́коло про́тив
与	моему́	мое́й	мои́м	на́шему	на́шей	на́шим	благодаря́
対	мой※/моё	мою́	мои́х/мои́※	наш※/на́ше	на́шу	на́ших/на́ши※	о с под
具	мои́м	мое́й	мои́ми	на́шим	на́шей	на́шими	ме́жду
前	моём	мое́й	мои́х	на́шем	на́шей	на́ших	о

твой, свой も同じ変化　　　　ваш も同じ変化

不変化形 его́「彼の、そ(れら)の」、её「彼女の、そ(れら)の」、их「それらの、彼らの、彼女らの」

疑問詞 чей と順序数詞 тре́тий

	誰の			第三番目の		
主	чей/чьё	чья	чьи	тре́тий/тье	тре́тья	тре́тьи
属	чьего́	чьей	чьих	тре́тьего	тре́тьей	тре́тьих
与	чьему́	чьей	чьим	тре́тьему/тье	тре́тьей	тре́тьим
対	чей※/чьё	чью	чьих/чьи※	трет/ий※/тье	тре́тью	тре́тьих/тьи※
具	чьим	чьей	чьи́ми	тре́тьим	тре́тьей	тре́тьими
前	чьём	чьей	чьих	тре́тьем	тре́тьей	тре́тьих

指示代名詞 э́тот/тот と疑問詞 кто, что

	この/その/あの			あの/その			誰	何
主	э́тот/э́то	э́та	э́ти	тот/то	та	те	кто	что
属	э́того	э́той	э́тих	того́	той	тех	кого́	чего́
与	э́тому	э́той	э́тим	тому́	той	тем	кому́	чему́
対	э́тот※/э́то	э́ту	э́тих/э́ти※	тот※/то	ту	тех※/те	кого́	что
具	э́тим	э́той	э́тими	тем	той	те́ми	кем	чем
前	э́том	э́той	э́тих	том	той	тех	ком	чём

	自身			全ての		
主	сам/само́	сама́	са́ми	весь/всё	вся	все
属	самого́	само́й	сами́х	всего́	всей	всех
与	самому́	само́й	сами́м	всему́	всей	всем
対	сам※/само́	саму́	сами́х/са́ми※	весь※/всё	всю	всех/все※
具	сами́м	само́й	сами́ми	всем	всей	все́ми
前	само́м	само́й	сами́х	всём	всей	всех

接続詞　и и́ли но а так как потому́ что когда́ пока́ е́сли хотя́
疑問詞　кто что чей где куда́ отку́да когда́ почему́ заче́м как како́й
注意　※印は、人間・動物名詞に関係する場合は属格と同形、物・事名詞に関係する場合は主格と同形であることを示す。

две́сти девятна́дцать　**219**

動詞変化一覧

	不完了体	完了体	不完了体	完了体
不定詞	чита́ть	прочита́ть	смотре́ть	посмотре́ть
я	чита́ю	прочита́ю	смотрю́	посмотрю́
ты	чита́ешь	прочита́ешь	смо́тришь	посмо́тришь
он	чита́ет	прочита́ет	смо́трит	посмо́трит
мы	чита́ем	прочита́ем	смо́трим	посмо́трим
вы	чита́ете	прочита́ете	смо́трите	посмо́трите
они́	чита́ют	прочита́ют	смо́трят	посмо́трят
я	бу́ду чита́ть	なし	бу́ду смотре́ть	なし
ты	бу́дешь чита́ть		бу́дешь смотре́ть	
он	бу́дет чита́ть		бу́дет смотре́ть	
мы	бу́дем чита́ть		бу́дем смотре́ть	
вы	бу́дете чита́ть		бу́дете смотре́ть	
они́	бу́дут чита́ть		бу́дут смотре́ть	
он	чита́л	прочита́л	смотре́л	посмотре́л
она́	чита́ла	прочита́ла	смотре́ла	посмотре́ла
оно́	чита́ло	прочита́ло	смотре́ло	посмотре́ло
они́	чита́ли	прочита́ли	смотре́ли	посмотре́ли
命	чита́й/те	прочита́й/те	смотри́/те	посмотри́/те
副分	чита́-я	прочита́в/вши	гля́дя (смотря́)	посмотре́в/вши
形分	чита́-ющий		смотр-я́щий	
	чита́-вший	прочита́-вший	смотре́вший	посмотре́-вший
受動分詞	чита́-емый	прочи́та-нный		посмо́тре-нный
短語尾形		прочи́тан/а/о/ы		посмо́трен/а/о/ы
	読む		見る	

	ある	行く	愛する	見える	生きる	食べる	与える		描く
	быть	идти́	люби́ть	ви́деть	жить	есть	дать	дава́ть	рисова́ть
я	бу́ду	иду́	люблю́	ви́жу	живу́	ем	дам	даю́	рису́ю
ты	бу́дешь	идёшь	лю́бишь	ви́дишь	живёшь	ешь	дашь	даёшь	рису́ешь
он	бу́дет	идёт	лю́бит	ви́дит	живёт	ест	даст	даёт	рису́ет
мы	бу́дем	идём	лю́бим	ви́дим	живём	еди́м	дади́м	даём	рису́ем
вы	бу́дете	идёте	лю́бите	ви́дите	живёте	еди́те	дади́те	даёте	рису́ете
они́	бу́дут	иду́т	лю́бят	ви́дят	живу́т	едя́т	даду́т	даю́т	рису́ют
命	бу́дьте	иди́те	люби́те		живи́те	е́шьте	да́йте	дава́йте	рису́йте
過去形	был	шёл	люби́л	ви́дел	жил	ел	дал	дава́л	рисова́л
女性形	была́	шла	люби́ла	ви́дела	жила́	е́ла	дала́	дава́ла	рисова́ла
中性形	бы́ло	шло	люби́ло	ви́дело	жи́ло	е́ло	да́ло	дава́ло	рисова́ло
複数形	бы́ли	шли	люби́ли	ви́дели	жи́ли	е́ли	да́ли	дава́ли	рисова́ли

数詞

	個数詞	順序数詞		個数詞	順序数詞
1	оди́н	пе́рвый	30	три́дцать	тридца́тый
2	два	второ́й	40	со́рок	сороково́й
3	три	тре́тий	50	пятьдеся́т	пятидеся́тый
4	четы́ре	четвёртый	60	шестьдеся́т	шестидеся́тый
5	пять	пя́тый	70	се́мьдесят	семидеся́тый
6	шесть	шесто́й	80	во́семьдесят	восьмидеся́тый
7	семь	седьмо́й	90	девяно́сто	девяно́стый
8	во́семь	восьмо́й	100	сто	со́тый
9	де́вять	девя́тый	200	две́сти	двухсо́тый
10	де́сять	деся́тый	300	три́ста	трёхсо́тый
11	оди́ннадцать	оди́ннадцатый	400	четы́реста	четырёхсо́тый
12	двена́дцать	двена́дцатый	500	пятьсо́т	пятисо́тый
13	трина́дцать	трина́дцатый	600	шестьсо́т	шестисо́тый
14	четы́рнадцать	четы́рнадцатый	700	семьсо́т	семисо́тый
15	пятна́дцать	пятна́дцатый	800	восемьсо́т	восьмисо́тый
16	шестна́дцать	шестна́дцатый	900	девятьсо́т	девятисо́тый
17	семна́дцать	семна́дцатый	1000	ты́сяча	ты́сячный
18	восемна́дцать	восемна́дцатый	2000	две ты́сячи	двухты́сячный
19	девятна́дцать	девятна́дцатый	5000	пять ты́сяч	пятиты́сячный
20	два́дцать	двадца́тый	100万	миллио́н	миллио́нный

個数詞と名詞との結合

```
         規則                    例
末尾が1のとき名詞は単数主格    оди́н стол    одно́ сло́во    одна́ ты́сяча
 2、3、4      単数属格          два стола́   два сло́ва     две ты́сячи
 0、5〜20     複数属格          пять столо́в пять слов     пять ты́сяч
複数形しかない名詞の場合       одни́ часы́  一個の時計
```

数詞＋名詞のつなげ方

	2		5 (0, 5–20)	
性との関係	男性と中性	女性	3性とも主格＝対格	
主格	два часа́	две ма́мы	пять часо́в /	мам
属格	двух часо́в	двух мам	пяти́ часо́в /	мам
与格	двум часа́м	двум ма́мам	пяти́ часа́м /	ма́мам
対格	два часа́	двух мам	пять часо́в /	мам
具格	двумя́ часа́ми	двумя́ ма́мами	пятью́ часа́ми /	ма́мами
前置詞格	двух часа́х	двух ма́мах	пяти́ часа́х /	ма́мах

位置関係を表わす語

		куда́ ～へ	где ～で／～に	отку́да ～から
1	人	к ＋与	у ＋属	от＋属
2	内部	в ＋対	в ＋前	из＋属
3	表面	на＋対	на＋前	с ＋属
4	家	домо́й	до́ма	и́з дому (до́ма)
5	ここ	сюда́	здесь	отсю́да
6	そこ	туда́	там	отту́да
7	右	напра́во	спра́ва напра́во	спра́ва
8	左	нале́во	сле́ва нале́во	сле́ва
9	前	вперёд кпе́реди	впереди́	спе́реди
10	後	наза́д кза́ди	сза́ди позади́	сза́ди
11	上	наве́рх вверх кве́рху	наверху́ вверху́	све́рху
12	下	вниз кни́зу	внизу́	сни́зу
13	遠	вдаль	вдали́	и́здали／издалека́
14	近		вблизи́	
15	外国	за грани́цу	за грани́цей	из-за грани́цы
16	机、食卓	за стол	за столо́м	из-за стола́
17	下方(下部)	под стол	под столо́м	из-под стола́
18	上方		над столо́м	

練習の解答と解説

第1課

I.

1. Что　2. Это　3. Кто　4. Это　5. Кто　6. Он
　シトー　　エータ　　クトー　　エータ　　クトー　　オーン

第2課

I.

1. Он　2. Она́　3. Она́　4. Он　5. Он　6. Она́

※ па́па は -a で終わりますが、男性です。

II.

1. Ма́ма там.　2. Там ма́ма.　3. Там рестора́н.　4. Рестора́н там.
5. — Где гид?　— Вон там.　— А па́па?　— (Он) до́ма.

第3課

I.

1. Он　2. Он　3. Он　4. Она́　5. Он
6. Она́　7. Он　8. Оно́　9. Оно́　10. Оно́

II.

1. бы́ли　2. бы́ли　3. был　4. была́　5. бы́ло/отдыха́л

※ ты の場合は性により過去形の形を決めます。3番、4番。

III.

1. Э́тот университе́т рабо́тал, а тот не рабо́тал.　2. Э́тот кио́ск рабо́тал, а тот не рабо́тал.　3. Э́та ка́сса рабо́тала, а та не рабо́тала.
4. Э́та столо́вая рабо́тала, а та не рабо́тала.　5. Э́то кафе́ рабо́тало,

две́сти два́дцать три　223

а то не рабо́тало.　6．Э́то посо́льство рабо́тало, а то не рабо́тало.

※рабо́тать は「何かが本来の機能を果たす」という意味で広く用いられます。

第 4 課

Ⅰ.

1．В теа́тре мо́жно кури́ть?　以下 мо́жно кури́ть? の部分は同じ。
В го́роде ～, В музе́е, На вокза́ле ～, На по́чте ～, В гости́нице ～, В посо́льстве ～

Ⅱ.

1．Смотре́ла　2．Рабо́тал　3．обе́дали

Ⅲ.

1．－ Ты ра́ньше был в Япо́нии?　－ Нет, (я) не́ был (в Япо́нии).

2．－ Что ты де́лала вчера́?　－ (Вчера́ я) отдыха́ла. А ты что де́лала?　－ Весь день сиде́ла до́ма и чита́ла.

第 5 課

Ⅰ.

1．Студе́нты повторя́ют глаго́лы.　学生たちは動詞を反復している。　2．Студе́нтки писа́ли пи́сьма.　女子学生たちは手紙を書いた。
3．Отцы́ чита́ют газе́ты.　父親たちは新聞を読んでいる。　4．Учителя́ объясня́ют пра́вила.　教師たちは規則を説明する。
5．Э́ти япо́нцы изуча́ют ру́сский язы́к.　この日本人（たち）はロシア語を学んでいる。

Ⅱ.

1．отдыха́ем　2．слу́шают　3．обе́дает　4．де́лаешь
5．у́жинают и разгова́ривают

Ⅲ.

1．Отцы́ зна́ют, что э́то непра́вда, а де́ти нет.　2．Студе́нты ча́сто де́лают оши́бки в грамма́тике.　3．Почти́ все студе́нтки чита́ют рома́н

«Бра́тья Карама́зовы».

第6課

Ⅰ.

— Чей э́то стол? — Э́то мой (стол).

— Чей э́то дом? — Э́то мой (дом).

— Чей э́то ключ? — Э́то мой (ключ).

— Чья э́то маши́на? — Э́то моя́ (маши́на).

— Чья э́то газе́та? — Э́то моя́ (газе́та).

— Чья э́то сестра́? — Э́то моя́ (сестра́).

— Чьё э́то письмо́? — Э́то моё (письмо́).

— Чьё э́то пальто́? — Э́то моё (пальто́).

— Чьи э́то роди́тели? — Э́то мои́ (роди́тели).

— Чьи э́то часы́? — Э́то мои́ (часы́).

— Чьи э́то журна́лы? — Э́то мои́ (журна́лы).

※問題文中の э́то は、「これは誰の〜ですか」の「誰の」が疑問詞で文頭にでたので、答になる単語とは無関係にいつも э́то です。

2．答の部分のみ — Э́то её чемода́н./ — Э́то их чемода́н./ — Э́то твой чемода́н./ — Э́то ваш чемода́н. /— Э́то наш чемода́н.

3．答の部分のみ — Э́то её маши́на./ — Э́то их маши́на./ — Э́то твоя́ маши́на./ Э́то ва́ша маши́на./ Э́то на́ша маши́на.

4．答の部分のみ — Э́то её пальто́./ Э́то их пальто́./ Э́то твоё пальто́./ Э́то ва́ше пальто́./ Э́то на́ше пальто́.

Ⅱ.

初対面の会話です。暗唱しましょう。

А. — До́брый день! (Меня́) зову́т Са́ша. 「こんにちは。私の（呼び）名はサーシャです」※Са́шаはよくおめにかかる名前の一つです。

Б. — О́чень прия́тно, а как (ва́ша) фами́лия? 「はじめまして。で、苗字

練習の解答と解説

　　　　はなんですか」

А. －（Моя́）фами́лия — Ивано́в. 　「私の苗字はイワノフです」

Б. －А（ва́ше）о́тчество? 　「で父称はなんでしょう」

А. －（Моё）о́тчество — Ива́нович. 　「私の父称はイワノヴィッチです」

Б. －Вы Алекса́ндр Ива́нович Ивано́в. Так э́то вы（наш）преподава́тель!　「あなたはアレクサンドル・イワノヴィッチ・イワノフさん。ということは私たちの先生はあなたなのですね」

Ⅲ.

1．интере́сные　2．краси́вый　3．но́вое　4．краси́вая

※～をどう思いますかと尋ねるには、まず **Как вы ду́маете,** と言いその後聞きたい質問を続けます。

第 7 課

Ⅰ.

1．－Вы зна́ете, как ваш друг говори́т по-ру́сски?

　 －Да, зна́ю.　Он говори́т о́чень хорошо́.

　 －Вы зна́ете, как ва́ша подру́га говори́т по-ру́сски?

　 －Да, зна́ю.　Она́ говори́т о́чень хорошо́.

　 －Вы зна́ете, как ва́ши де́ти говоря́т по-ру́сски?

　 －Да, зна́ю.　Они́ говоря́т о́чень хорошо́.

　 －Вы зна́ете, как ва́ши студе́нты говоря́т по-ру́сски?

　 －Да, зна́ю.　Они́ говоря́т о́чень хорошо́.

　 －Вы зна́ете, как ва́ши роди́тели говоря́т по-ру́сски?

　 －Да, зна́ю.　Они́ говоря́т о́чень хорошо́.

2．－Вы говори́те по-япо́нски?　－Да, мы говори́м по-япо́нски.　по- のついた選択肢を順番に入れる。

Ⅱ.

レストランで注文する言い回しです。

　　А － Что ещё зака́зываете?　「他に何をご注文なさいますか」

Б — У вас есть вино? 「(このレストランに）ワインがありますか」

А — Есть. 「ございます」

Б — (Какие) есть? 「どんなものがありますか」

А — (Красное, белое, грузинское, армянское). 「赤、白、グルジア産の、アルメニア産のです」

Б — Дайте, пожалуйста, (грузинское белое). 「すみません、グルジアの白いのをください」

А — Хорошо. 「かしこまりました」

Ⅲ.

1. — Вы читаете по-японски? — Да, немножко. Но ещё не говорю. / Но говорить ещё не могу.

2. Вы говорите по-японски прекрасно! Если это не секрет, скажите, пожалуйста, как вы изучаете японский язык.

第8課

Ⅰ.

1. Что / русскую газету 2. Кого / старого учителя 3. Что / русский язык и японскую литературу 4. Кого / нового студента и новую студентку ※старый учитель「恩師」の意味がふつう。

Ⅱ.

1. нас 2. тебя 3. Его 4. её 5. Меня / Вас 6. их

Ⅲ.

1. — Что вы хотите изучать в университете? — Я хочу изучать японский язык и русскую литературу.

2. — Вы не хотите читать романы? — Да, я хочу, даже их писать.

3. — Сегодня воскресенье, и мы сидим дома. — Каждое воскресенье мы сидим дома.

練習の解答と解説

第 9 課

Ⅰ.

1. 過去形 Зимóй в Москвé бы́ло хóлодно, а в Тóкио (бы́ло) тепло́.

   未来形 Зимóй в Москвé бу́дет хóлодно, а в Тóкио (бу́дет) тепло́.

2. 過去形 Интерéсно бы́ло учи́ться в университéте.

   未来形 Интерéсно бу́дет учи́ться в университéте.

Ⅱ.

А — Ямáда-сан, вы читáли（不完了体）　読んだか読まなかったか質問しているので不完了体

Б — Да, читáл（不完了体）．　読んだという事実のみ伝えるので不完了体

А — Вы егó прочитáли（完了体）?　読み終えたかとたずねるので完了体

Б — Нет, к сожалéнию, не прочитáл（完了体）． Он сли́шком дли́нный. 読了しなかったという意味なので完了体。不完了体で не читáл と言うと読む動作をしなかった、つまり、全然読まなかったという意味。Но я знáю, что óчень интерéсно читáть（不完了体） ру́сскую литерату́ру. 読み終える、終えないという問題ではなく、「読むことは」という一般論なので、不完了体

Ⅲ.

1. её сестрá / егó брат　2. её сестры́ / егó брáта　3. её сестрé / егó брáту　4. её сестру́ / егó брáта　5. её сестрóй / егó брáтом　6. её сестрé / егó брáте

第10課

Ⅰ.

1. Зáвтра ты весь день бу́дешь дóма.

   Зáвтра онá весь день бу́дет дóма.

   Зáвтра мы весь день бу́дем дóма.

   Зáвтра вы весь день бу́дете дóма.

練習の解答と解説

　　　　Завтра они́ весь день бу́дут до́ма.
2 ．－ Бу́ду смотре́ть телеви́зор.　※ в свобо́дный день 暇な日に／
　　－ Бу́ду гото́вить.　※ 単に「読書する」は чита́ть です。※ гото́вить は対格の目的語がないと「料理する」という意味です。目的語があると、それを「準備する」という意味になります。

II ．
1 ．－ За́втра вы бу́дете отдыха́ть?　－ Нет, я бу́ду рабо́тать.
2 ．В воскресе́нье у нас бу́дет экску́рсия в Кремль.　※ у нас は「私たちのところでは」という意味です。
3 ．－ За́втра у вас бу́дут экза́мены?　－ Да, бу́дут.
4 ．Вы зна́ете, како́й день бу́дет за́втра?
5 ．Вы чай спра́шивали?　Бу́дете пить?　※ 長距離列車ではふつう紅茶の注文に来ます。
6 ．Когда́ бу́дет больша́я ста́нция?　※ 運転手や乗客に駅についたら知らせてもらうようお願いする表現です。
7 ．В лесу́ мы бу́дем купа́ться и загора́ть.　森では私たちは水浴びと日光浴をします。※ ロシアの夏の風物詩。

III ．
1 ．его́ но́вый студе́нт / её но́вая студе́нтка.
2 ．его́ но́вого студе́нта / её но́вой студе́нтки.
3 ．его́ но́вому студе́нту / её но́вой студе́нтке.
4 ．его́ но́вого студе́нта / её но́вую студе́нтку.
5 ．его́ но́вым студе́нтом / её но́вой студе́нткой.
6 ．его́ но́вом студе́нте / её но́вой студе́нтке.
※ его́ と её は不変化。※ 2 ．чьего́ бра́та は чей брат の対格です(→p219)。

IV ．
1 ．пока́зывают　2 ．Говоря́т　3 ．гото́вят　4 ．ку́рят

練習の解答と解説

第11課

Ⅰ．

1．Идите (к ней.) ※人のところへ行くときは前置詞 к ＋与格 2．Скажите 3．Читайте 4．курите 5．Говорите ※3番、5番—ほんの少しでもできれば否定でなく плохо を入れ肯定文にするのがロシア語です。не を入れ否定文にすると全く出来ないことになります。

Ⅱ．

1．Мне 2．Мне 3．тебе 4．вам 5．Мне

Ⅲ．

1．можете могу / можем． ※ я なら могу、Мы なら можем。 2．можешь / Могу 3．могу ※依頼は否定の疑問文で言うと丁寧です。 4．могут ※「не могут без」のパターンでは動詞を入れないことも多いです。

第12課

Ⅰ．

a) 1．— Куда вы идёте? — Я иду в магазин покупать сувениры．以下 в магазин покупать сувениры．の部分は同じ。/ Мы идём ～, — Куда он идёт? — Он идёт ～, — Куда она идёт? — Она идёт ～, — Куда мы идём? — Мы идём ～ / Вы идёте ～, — Куда они идут? — Они идут ～

2．— Ты сейчас едешь в Большой театр?
— Нет, я ездил туда вчера． Сейчас я еду в цирк．

b) 1．Мы были в Большом театре на балете．

2．В августе студенты были в Москве．

3．Где вы будете летом?

4．Завтра студенты будут в клубе на вечере．

※быть「～にいる」なので後続する格も変わるので注意。

練習の解答と解説

Ⅱ.
1．きのう私はレストランへ行った（行ってきた）。今私は食堂へ向かっています。明日私はビュッフェへ行きます。 ※乗物を利用しない場合です。 2．きのう彼らはキエフへ行った（行ってきた）。いま、彼らはスズダリへ向かっています。あす彼らはモスクワへ行きます。※飛行機を利用している場合です。

Ⅲ.
1．éздил / а　2．ходи́ли / ходи́ли　※過去の一往復なので不定動詞過去形です。　3．иду́т　※所要時間は定動詞を用います。　4．шёл / шла（女性の時）　※会ったとき、どこかへ向かって移動の最中なので、定動詞です。　5．идёт / идёт　※移動動詞の転義的用法はイディオムとも言えます。定動詞、不定動詞のどちらか一方しか使えないのがふつうです。

第13課

Ⅰ.
1．трудна́　2．мал　※英語の too ～ to ... 構文「あまり～ので…できない」に当たります。　3．любе́зны　「すみません、電話にターニャを出してください」　4．интере́сно　5．вку́сно（→p99）※練習Ⅰでは歴史的な事情が関係するものもありますので、このまま覚えましょう。

Ⅱ.
1．Хорошо́　2．тру́ден　3．мал　4．хорошо́　※この質問は病気、体調が悪いときあるいは高齢の方に言います。　5．бо́лен

Ⅲ.
1．боля́т　※мочь は条件が整わないのでできないときに用い、学習経験により可能、不可能と言うときには уме́ть がふつうです。　2．боли́т　「どうなさいました」「私は頭痛がするのです」※医師の常套句です。　3．студе́нткой　4．кем / врачо́м　※述語の具格なので кто は具格 кем になる。　5．Кем / врачо́м / учи́телем　※職業を表わす具格です。女性にも учи́тель［男］を用います。

две́сти три́дцать оди́н　231

練習の解答と解説

第14課

Ⅰ.

1. Он до́лжен / Она́ должна́ / Они́ должны́ / чита́ть по-ру́сски ка́ждый день.

2. Сего́дня я должна́ рабо́тать / За́втра я должна́ бу́ду рабо́тать.

3. Сего́дня в клу́бе нет ве́чера / За́втра в клу́бе не бу́дет ве́чера.

4. Алекса́ндра сейча́с нет до́ма / И́ры сейча́с нет до́ма.

5. 答の部分のみ — Э́то слова́рь его́ дру́га / — Э́то слова́рь его́ сестры́ / — Э́то слова́рь его́ подру́ги.

6. Чей муж живёт в Москве́? / Чей брат живёт в Москве́? / Чья жена́ живёт в Москве́?

7. — У (тебя́) в ко́мнате есть телеви́зор? / — У (него́) в ко́мнате есть телеви́зор? / — У (неё) в ко́мнате есть телеви́зор? / — У (нас) в ко́мнате есть телеви́зор? / — У (них) в ко́мнате есть телеви́зор?

Ⅱ.

А. 1. Дава́йте говори́ть по-япо́нски!

2. Дава́йте учи́ться ру́сскому языку́!

3. Дава́йте слу́шать му́зыку!

Б. 1. (Дава́йте) прочита́ем текст!　2. (Дава́йте) пригото́вим обе́д!

3. (Дава́йте) пообе́даем!

Ⅲ.

1. меня́　2. Росси́и　3. кого́ / неё

第15課

Ⅰ.

1. университе́тов / университе́та　2. часо́в　3. дней / дня　何日南部で保養しましたか。　4. рубля́　5. часо́в / мину́т

練習の解答と解説

Ⅱ.

1．раз ※раз は数量詞の後では主格形＝複数属格／рáза　2．раз／раз
3．лет／лет　4．человéк／человéка　5．врéмени／недéли　6．мéсяцев／мéсяца　7．детéй／сы́на　※1以外の数詞＋名詞が主語の時は бы́ло, бу́дет（未来）がふつうです。

Ⅲ.

1．апрéле「いつ大学で勉強を始め（大学生になり）ましたか」「私たちは4月からです」
2．недéле「皆さんは試験はいつありますか」「私たちは試験は今週あります」
3．пéрвого「私どもの学校では授業は9月1日に始まります」
4．годý／годý.「お二人はいつ大学へ入学しましたか」「私は今年入学しましたが、サーシャは昨年です」

第16課

Ⅰ.

1．подрýгам, родúтелям　2．сёстрам, друзья́м　3．студéнтами, их родúтелями　4．студéнтками, преподавáтелями　5．э́тих новостя́х／япóнских фи́льмах　6．о писáтелях, их кни́гах　※前置詞 о は、あ行母音 а, у, э, о（と и）の前では об、前置詞 с は с, з, щ に始まる子音連続の前では со となります。

Ⅱ.

1．文書を日本語で読めるようにしてください。（インターネットカフェで係に頼む言葉）
2．ロシアから来た人とつきあうためにはロシア語を勉強する必要がある。
3．父の具合（気分）を知るために電話をかけました。
4．通訳は全員によく聞こえるように大きな声で話した。
5．外国語をうまく話すためには何をする必要がありますか。

двéсти три́дцать три　233

練習の解答と解説

Ⅲ．
1．私たちが友達のままいられればよいと思います。
2．ぼくのサイトは君のサイトと同様に面白いだろう。
3．あなたのお孫さんはあなたと同じくらい美人で気立てがいいですね。
4．女性というものは、まるでクレムリンのようだ、同じようにプライドが高く、同じように美しい…
5．様々な国から来た人と会えるように外国語を勉強する必要がある。
6．ぼくに才能があれば作家になっていたのだが。
7．あなたはぼくに手伝って欲しいのですか。
8．仕事の話のためにあなたとお目にかかりたいと思います。いつどこでお会いできるでしょうか。※мы с вами「私とあなた」という一体感を示す言い方です。
9．私にはお金がなかった、それで辞書が買えなかった。
10．「夕食のときにどうしてお宅はあまり食べないのですか」「睡眠直前にたくさん食べるのは毒だからです」

第17課

Ⅰ．（　）内は省略可能です。
1．По-мо́ему, (ле́гче изуча́ть) ру́сский (язы́к).
2．По-мо́ему, (лу́чше жить) в Москве́.
3．По-мо́ему, (интере́снее игра́ть) в гольф.
4．По-мо́ему, (быстре́е дое́хать) на метро́.
5．По-мо́ему, (лу́чше смотре́ть бале́т) в теа́тре.

Ⅱ．
1．君はどの季節が好きなの。きっと夏でしょう。
2．昨日私たちはテストでした。誰が一番良くできたと思います。アンナですよ。
3．お嬢さんはあなたと同じくらい美人で気立てがいいですね。
4．モスクワ大学はロシアで最古でしかも最大の大学です。
5．モスクワの地下鉄は世界一美しいけれど、まだ一番便利とは言えない。

練習の解答と解説

Ⅲ.
1．лу́чше 2．быстре́е 3．са́мый популя́рный 4．са́мая больша́я 5．са́мых краси́вых ※「〜の内の一つ」では、一つは из の直後の名詞の性により、男性 оди́н、女性 одна́、中性 одно́、複数 одни́ という形になります。

第18課

Ⅰ.
1．「恐れ入ります、教えてください。ボリショイ劇場へはどう行ったらよいでしょうか」「ボリショイへは地下鉄で行けますよ」 2．「恐れ入ります、教えてください。私はどこで降りたらよいでしょうか。私はボリショイ劇場へ行きたいのです」「あなたは次の次で降りるのです」 3．「いつ家を出られますか」「普通家を7時に出ます」 4．「どこからいらっしゃいましたか」「日本からです」 5．土曜日にはいつもこの家族は郊外へドライブします。※ за の例外的アクセントに注意。

Ⅱ.
1．Кто́-нибудь / кто́-то 2．Почему́-то / Что́-нибудь　彼に何か起きたのではないだろうか。 3．Кто́-то ※не по́мню кто. 誰が約束してくれたか覚えていない。 4．что́-нибудь 何か読むものをください。 5．кто́-то / кто́-нибудь

Ⅲ.
みんな、全部という語を含む文に не をつけると部分否定になります。ここは全部否定を作る練習です。
1．никто́ 2．Никто́ 3．ничего́ ※ ничто́ にするのも可能。「変化がない」は存在の否定につながるので属格が好まれます（→p149）。 4．никто́ ※ никто́ не の文では物・事名詞の目的語は属格 пи́сем が普通。 5．Никого́

第19課

Ⅰ.
кото́рого［属格］, кото́рому［与格］, кото́рого［対格］, с кото́рым［具格］, о кото́ром［前置詞格］/ кото́рой［属格］, кото́рой［与格］, кото́рую［対

две́сти три́дцать пять

格]，с кото́рой [具格]，о кото́рой [前置詞格］

II．

1．что これがこのことについて知っている全てです。　2．что 彼は時々心にもないことを言います。　3．что 君は約束したものをもってきてくれたの。　4．чего́　5．чего́　※4．5．知覚動詞、知識の動詞の否定では物事名詞の目的語は属格がふつう。

III．

1．того́／кого́ 愛するとは愛している人の人生を生きること。　※不定詞＝不定詞「～することは～だ」の文では「～だ」として зна́чит がよく用いられます。

2．тот／кто 間違わないのは何もしない人である。

3．То, что 私たちが大学で学んだことは格別有益である。

4．Кто／тот 進歩しない者は退歩する。

5．кото́рым 学校で一緒に学んだ友人から手紙を受け取った。

6．кото́рого これが日本語を抜群に話す姉／妹のいる新入生です。

7．кото́рую カーチャという名の娘が家にしょっちゅうやって来た。

8．где ロシアには楽しく時間を過ごせる所が沢山ある。　※存在に焦点があたっているので есть が用いられます。

9．где 彼の生まれ故郷の村は北部にある。

10．когда́ あなたには自分を幸せと感ずる日が来ます。

※друг は心のつながりを強調する場合には妻、子に対しても用いられます。

第20課

I．

1．а）чита́л　б）реша́л／реши́л　2．а）стро́или　б）постро́или　3．а）опа́здывала　б）опозда́ла　4．а）писа́ла　b）написа́ла　а）昨日彼女は手紙を書いていた。※完了体は「～してしまう」のように、動作に一区切りをつけ、次の動作に移るというように動作や場面を進展させる役割が

あるので、ここで完了体を使うと次の動作がなく完結しない文という感じを残します。 b) 昨日彼女は手紙を書いて、郵便局へ出かけた。ここは場面が展開していますから、完了体です。 5．а) читáла 彼女は地下鉄に乗っていたとき、読書していた。 б) началá

II.

1．изучáть   2．начинáют   3．нáчал   4．кончáет / кóнчила
5．смотрéть

III.

1．напи́сана   2．прочи́тан   3．посещáется   4．читáется
5．организýется

単語索引

頁は重要部分を出してあります。
格は主格、属格の順です。

А а

автóбус ［男］バス 125, 131
áдрес, 複 адресá ［男］アドレス 172
аэропóрт, ［第二前］в аэропортý ［男］空港 102, 105

Б б

багáж, -жá ［男・集合］荷物 33, 34
балéт ［男］バレエ, 舞踊 45, 48
банк ［男］銀行 58
без 《前》+［属］～なしで 121, 123
бéлый 白い 79, 80
беспокóиться[н]/［完］о～ 心配する, 不安に思う 121
библиотéка ［女］図書館 125, 129
билéт, 複 билéты ［男］切符 50, 216
ближáйший → блúзкий 最寄の 187
блúже ［比］→ блúзкий 185
блúзкий 近い 185
блúзко 近く 185
богáтый 豊かである 142, 145

бóлее より…な 182, 184
болéть, болéю, болéешь ［+具］病気である, 病んでいる 203, болéть[н], ［3人称のみ］болúт 痛む
бóльно ［述, 間投詞］痛い 142, 143
больнóй, -нáя, -нóе; -нúе ［形容詞変化］病んでいる, ［名］［形容詞変化］病人 135, 139, 140
бóльше ［比］より多い → большóй 107, 185
большóй, -áя, -óе; -úе 大きい 73, 76
боя́ться[н], бою́сь, бои́шься, 命 бóйся ［+属］恐れる 146, 150
брат, 複 брáтья, 属 対 брáтьев ［男］兄, 弟 53, 57
брать, берý, берёшь /［完］взять, возьмý とる, 入手する 102, 107, 188
бывáть よく～のことがある 191, 194
был, былá, бы́ло, бы́ли → быть （単数）いた, あった 36, 177
бы́ло, бýдет → быть be 動詞の過去形, 未来形 94, 104
бы́стро 速く 114, 119
быть ～である, be 動詞 36, 41

238 двéсти трúдцать вóсемь

В в

в＋対（方向）〜へ 125

в《前》＋［前］（動作,存在の場所）〜で, 〜に 36, 45

ваш, ва́ша, ва́ше: ва́ши あなたの, あなた方の 33, 69

ве́рить"／［完］по〜" 〜を［＋与］信ずる 114, 116

верну́ться［完］／возвраща́ться 帰る 208, 215

ве́село 陽気で, 楽しい, ［副］陽気に, 楽しく 114, 119

весь, вся, всё: все 全ての, 全部の, 全体の 41, 53

ве́тер, ве́тра, ве́тру, ве́тром, ве́тре ［男］風 178, 181

ве́чер ［男］晩, *パーティの時《前》は на 82, 178

вечери́нка ［女］パーティ 114, 119

взять, возьму́, возьмёшь［完］／брать, беру́, берёшь とる, 入手する 121, 122

ви́деть", ви́жу, ви́дишь／［完］уви́деть" 見える, 見かける, 会う 82, 198

ви́за ［女］ビザ 30

ви́лка ［女］フォーク 135

вино́, 複ви́на ［中］ワイン 41, 80

вку́сно ［述］おいしいです［副］美味しく 99, 142

вку́сный おいしい 99, 188

вме́сте 一緒に 108, 151

вокза́л ［男］（ターミナル）駅 *《前》は на 45, 48

вопро́с－пробле́ма 解決を迫られている問題 ［男］質問, 問題 114, 208

восто́к ［男］東, 東部 *《前》は на 45, 48

вот ほら 30, 33

врач, -ча́, -чу́, -ча́, -чо́м, -че́ ［男］医師 70, 71

вре́мени ［属, 与, 前］→ вре́мя ［中］時間 153, 155

вре́мя, вре́мени, 複времена́ ［中］時間 *вре́мя го́да 季節 36, 123, 189

всё （名詞的）全てのもの, 全てのこと 33, 99, 172, 201

всегда́ いつも 89, 106

встава́ть, встаю́, встаёшь／［完］встать 起床する, 起きる 156, 162

встре́тить", встре́чу,［完］／встреча́ть 出迎える 208, 211

встре́титься", встре́чусь［完］／встреча́ться 出逢う, 落ち合う 131, 156

вся, всё → весь すべての 53

вчера́ ［副］昨日 36, 154

въе́хать ［完］въе́ду, въе́дешь／въезжа́ть （乗り物で）入る 191, 193

вы, вас, вам, вас, ва́ми, вас あなた 24, 105

вы́брать［完］／выбира́ть 選ぶ 178

выезжа́ть／［完］вы́ехать, вы́еду, вы́едешь （乗り物で）去る 191, 193

высо́кий 高い 185

высо́ко 高く 185

вы́ход⇔вход入り口 ［男］出口

двести тридцать девять 239

単語索引

156
выходи́ть[н], выхожу́/ [完] вы́йти, вы́йду 出る、降りる 195, 196

Г г

газе́та, газе́ты, 複 газе́ты, газе́т [女] 新聞 53, 174
где [疑] どこで、どこに 30, 198, 202
где́-нибудь/то [不定副詞] どこかで 191, 194
гид [男] ガイド 28, 159
глаз, [複] глаза́, глаз [男] 眼 164, 166
говори́ть[н]/ [完] сказа́ть, скажу́, ска́жешь 話す 73, 151
год [第二前] в году́ [男] 年 102, 167
голова́ [女] 頭 135, 145
го́лос, 複 голоса́ [男] 声 64, 66
го́рдый 誇り高い、誇らしげな 178, 180
го́род, 複 города́ [男] 街、市 45, 193
гость, -тя 複 -те́й [男] 客 172, 191
гости́ница [女] ホテル 50, 208
гото́вить[н], гото́влю, гото́вишь/ [完] при〜 料理する、準備する 42, 95
грамма́тика [女] 文法 58
гриб, -ба́ [男] キノコ 99
гро́мко 大きな声で 121, 122
гру́ппа [女] グループ 182, 187
гру́стно 気が重い、憂鬱である 114, 119
гуля́ть 散歩する 125, 128

Д д

да (返事) はい、(付加疑問で) でしょう？ 24, 99
дава́йте → дава́ть [誘い] 〜しよう 146, 194
дава́ть, даю́, даёшь, даёт/ [完] дать 与える 102, 107
да́же 〜すら 142, 143, 201
далеко́ 遠い、〜から遠く (от+ [属]) 146, 150
дальне́йший [最上級] 将来の、ますますの 146
да́льше < далеко́ [比] より遠い、より遠く 182, 187
дари́ть[н], дарю́, да́ришь/ [完] по〜 プレゼントする 114, 119, 201
дать, дам, дашь, даст [完] / дава́ть, даю́, даёшь 与える 208, 211
да́ча [女] ダーチャ、別荘 102, 105,《前》はна
два/ [女] две [数詞] 2 30, 156
де́вушка, 複 де́вушки, -шек [女] (年頃の) 娘 53, 61
де́душка [男] おじいちゃん、祖父 135
де́лать/ [完] с〜 する 36, 51
де́ло в том, что+文 困ったことは〜、実は〜 198
день, дня, дню, день, днём, дне [複] дни, дней [男] 日、昼間 42, 53, 165
де́ньги, де́нег [複のみ] お金

240 две́сти со́рок

178, 180
дере́вня, 複 属 девеве́нь ［女］ 村, 田舎 203, 206
де́рево, 複 дере́вья, 複属 - вьев ［中］木 73, 75
де́ти［複］, 複属・対 дете́й［単］ребёнокの複 子供 53, 146
дли́нный 長い 99, 100
для＋［属］ ～のために 120, 140
до＋［属］ ～まで 146, 150
до́брый 良い, 善良な 70, 72
дово́льно 十分に, かなり 92, 94
дое́хать, дое́ду, дое́дешь［完］/ доезжа́ть （ある所まで до＋［属］） 着く 188, 189
дождь, дождя́, 具 дождём［男］雨 125, 130
до́лго 長い間 92, 95
до́лжен, должна́, должно́: должны́ ［短］ ～しなければならない 135, 139, 151
дом, 複 дома́［男］ 建物, 家 24, 198
до́рого 高価に 142, 185
дорого́й 貴重な, 高価な, 大切な 185
доро́же ［比］→ дорого́й 185, 186
Достое́вский［男］ドストエフスキー 198, 202
дочь, ［属］［与 前］до́чери, 対 дочь, 具 до́черью, 複 до́чери ［女］（親子関係の）娘 30, 71
друг, 複 друзья́, друзе́й, друзья́м ［男］ 親友, 友人 78, 92
ду́мать о ～/, что ～について 《前》о ＋［前］ 思う 70,

72, 186
дя́дя, дя́ди,［複属］дя́дей［男］おじ 36

Е е

его́ ［evó］ 彼の, それの 64, 87
её 彼女の ［属・対］→ она́ 彼女, それ 64, 87
е́здить ", е́зжу, е́здишь ⇔ е́хать ［移動・不定］乗り物で移動する 125, 127
е́сли （条件, 仮定）もし…すれば 79, 164, 175
е́сли бы （仮定法）もしも…すればいいのに 172, 175
есть ［不変］ある, いる 64, 66
есть, ем, ешь, ест, еди́м, еди́те, едя́т ［不規則］食べる ［過去］ел, е́ла, е́ло, е́ли 82, 137, 189
е́хать, е́ду ［移動・定］⇔ е́здить 乗り物で移動する 114, 127
ещё まだ, 他に 50, 143

Ж ж

ждать, жду, ждёшь, 過 ждал, ждала́, жда́ло 待つ 89, 90
жена́, 対 жену́, 複 жёны ⇔ муж ［女］妻, 奥さん 70, 71
же́нщина ⇔ мумчи́на ［女］婦人, 女性 108, 111
жизнь, 具 жи́знью ［女］人生, 生活 163, 203
журна́л, 複 журна́лы ［男］雑誌

単語索引

53, 59

З з

за＋対/за＋具 ～に対して/ [＋具] ～を入手するために 78, 89, 125, 172
забы́ть, -бу́ду, -бу́дешь [完] / забыва́ть 忘れる 198
за́втра [副] 明日，※まもなく 102, 104
за́втракать/ [完] по～ 朝食をとる 57, 59
зака́зывать/ [完] заказа́ть, -кажу́, -жешь 注文する，予約する 78, 80, 178
закрыва́ться/[完]закры́ться, ..., закро́ется 閉まる，閉められる 164, 165
занима́ться 参考 [完] заня́ться 勉強する，従事する 146, 152
заня́тие 授業，～の [по＋与] 作業，仕事 142, 144
за́нятый ふさがっている，(短尾) 忙しい 135, 139
заня́ться [完] /занима́ться [＋具] ～し始める，取り組む 172, 175
звать, зову́, зовёшь, ..., зову́т 呼ぶ 70, 72, 91
звони́ть"/ [完] по～ ～に [＋与] 電話する 114, 119
здесь ここ，このあたりに 30, 187
здоро́ваться/ [完] по～ 挨拶を交わす ※通常のе変化 136, 137
здоро́вье [中] 健康 82, 89
здра́вствовать, здра́вствую 健康である 33, 114

здра́вствуй(те) こんにちは 27, 89, 116
зимо́й, 参考 зима́ 冬 冬に 92, 176
знать, зна́ешь/зна́ете [注意喚起] あのねー。知っている 45, 177
зна́чит つまり，～ということになる 132, 206
зо́нтик [指小形] ＜зонт [男] 傘 125, 131
зуб, 複 зу́бы, зубо́в [男] 歯 136, 141

И и

и [接] そして，また，それで，[強調] も 41, 42
и..., и... ～も～も 45, 49
идти́, иду́, идёшь, идёт, идём, 過 шёл, шла （歩きで）移動する，行く，来る 121, 127
из＋属 ～の中から 131, 196
изве́стный [-сны] 有名な 213, 215
извини́те [お詫び，呼びかけ] すみません 27, 116
измени́ться" [完] /изменя́тся 変わる 195, 197
изуча́ть/ [完] изучи́ть" 研究する，勉強する 58, 78, 165
и́ли [接] それとも，あるいは 92, 108
и́мя, и́мени, 複 имена́, имён [中] 名前 36, 70
иногда́ 時々 125, 128
иностра́нный [男] 外国の，～ язы́к 外国語 178, 208
интере́сно [述] 興味深い，面白い [副] 面白く 92, 94

242 две́сти со́рок два

интере́сный, -ная, -ное: -ные 興味深い, 面白い 70, 176

интересова́ть, -ресу́ю, -ресу́ешь/［完］за～ ［+対］･･･に興味をもたせる 178

интересова́ться/［完］за～ ［+具］興味がある 136, 138

исто́рия ［女］歴史 135, 138

италья́нский イタリアの, イタリア語の 121, 123

их ［所有形容詞］彼らの: ［代名詞］彼らを 64, 117

К к

к 《前》+［与］～方へ, ～に対して 114, 128

ка́ждый; -дая, -дое: -дые; ка́ждый день 毎日 毎, 各 79, 179

ка́жется ［挿］思われる, ～と感ずる 64, 69

как ［疑］どのように, いかに 70, 72

как ни～ ［譲歩の構文］いかに～であろうと 142, 143

како́й, кака́я, како́е: каки́е どのような※感嘆文にも用いられる。 70, 76

како́й-нибудь/то ［不定形容詞］何か 191

ка́сса ［女］レジ, 切符売り場, 料金箱 42

кио́ск ［男］売店 42

ключ, 属 ключа́, 具 ключо́м ［男］鍵 64, 71

кни́га, 複 кни́ги, 複属 книг ［女］本 36, 179

когда́ ［接］［疑］いつ, ～のとき 73, 109, 198

когда́-нибудь/то ［不定副詞］いつか 191, 194

ко́мната ［女］部屋 154, 194

коне́чно ［-шно］もちろん 41, 50

ко́нкурс красоты́ 美人コンテスト 135

конце́рт ［男］コンサート, 学芸会 57, 104

конча́ться/［完］ко́нчиться" 終わる 198, 202

ко́нчить", ко́нчу, ко́нчишь, 命 ко́нчи ［完］/конча́ть 終える 208, 211

кото́рый ［疑］どちらの, ［関係代名詞］170, 198

ко́фе ［男／中･不変］コーヒー 114, 138

краси́вый, -вая, -вое: -вые 美しい, きれいな 70, 185

кра́сный, -ная, -ное: -ные 赤い 79, 80

Кре́мль ［男］（大文字はモスクワの）クレムリン 108, 216

кре́пкий, -кая, -кое: -кие 頑強な, 濃い 146, 150

кто ［関係代名詞］～する人 198, 201

куда́ ［疑］どこへ, どこに 125, 129

купи́ть", куплю́, ку́пишь ［完］/покупа́ть 買う 50, 95

кури́ть", курю́, ку́ришь, ку́рят タバコをすう 45, 122

ку́хня ［女］料理［集合, 単数のみ］, 台所 178

Л л

лёгкий ［-хк］軽い 182, 185

легко́ [- хк] 容易である，[副] 軽々と，簡単に 185

ле́гче [- хч] [比] → лёгкий, легко́ より軽々と 185, 189

лежа́ть", лежу́, лежи́шь в больни́це 入院している 135

ле́кция, 属・与・前 ле́кции 具 ле́кцией, 複属 ле́кций [女] 講義，講演*《前》は на 203, 205

лес, ле́са, ле́су, лес, ле́сом, ле́се/в лесу́, 複 леса́ [男] 森 102, 108

лета́ть → лете́ть" [移動・不定] 飛ぶ 125, 133

лете́ть", лечу́, лети́шь, лети́т → лета́ть [移動・定] 飛ぶ 125, 128

ле́то, 複属 лет [中] 夏 121, 123

ли …か（どうか） 172, 194

литерату́ра [女] 文学 89, 90

лифт [男] エレベータ 30, 64

ло́жка 具 ло́жкой [女] スプーン 135

лу́чше より良い [比] → хоро́ший, хорошо́ 142, 189

лу́чший, лу́чшая, лу́чшее → хоро́ший より良い，最高の 131

люби́ть", люблю́, лю́бишь 愛する 114, 120, 189

любо́вь 具 - бо́вью [女] 愛情，恋 53, 159, 182

лю́ди, люде́й, 具 людьми́ → [単] челове́к [複] 人々 73, 75, 177

М м

магази́н [男] 店 125, 129

мал, мала́, мало́: малы́ [短] 小さい 135, 139

ма́лый 小さい 136, 185

ма́льчик [男] 少年 142, 144

ма́ма [女] ママ 33, 84

мать, ма́тери, 具 ма́терью, 複属 対 матере́й [女] 母 82, 84

маши́на [女] 車，自動車 64, 119

ме́дленно (⇔ бы́стро) ゆっくりと 121, 122

ме́нее [比] をつくる より少なく 182, 184

ме́ньше [比] → ма́лый, ма́ленький 185

ме́сто, 複 места́, 属 мест [中] 席，場所 64, 69

ме́сяц, 具 ме́сяцем, 複主・対 ме́сяцы, 複属 ме́сяцев [男] 月 156, 163

ми́мо 《前》+[属] 〜の横を 191, 193

мину́та, мину́ты, 複 мину́ты, мину́т [女] 分 156, 161

мир [男] 世界，平和 142, 144

мно́гий, 複主・対 мно́гие, 複属・対 мно́гих [形容詞] 多くの（人々）203, 204

мно́го たくさん，多くの（※属格名詞が続く）58, 161

могу́, мо́жешь,…, мо́гут < мочь 出来る 78, 119, 198

мо́жет быть [挿入語]，コンマで区切られる，たぶん

単語索引

203, 204

мо́жно ［述］～してよい、できる 45, 176

мой, моя́, моё, мои ［所有形容詞・代名詞］私の 33

молоде́ц, 属・対 - дца́, 複 - дцы́, 属・対 -дцо́в（賛辞、男女に）立派、やったね 213, 214

молодо́й, - да́я, - до́е: - ды́е 若い 70, 71

молоко́ ［中］牛乳 135, 138

мо́ре, мо́ря, 複 моря́, 属 море́й ［中］（内）海 45, 48

мочь～できる 119

муж, 具 му́жем, 複 мужья́, муже́й ［男］夫 153

музе́й, -зе́я, 具-зе́ем, 前-зе́е, 複 -зе́и, 属-зе́ев ［男］博物館、美術館 36, 174

му́зыка, 対 му́зыку ［女］音楽 82, 86

мы, нас, нам, нас, на́ми, нас 私達、俺たち 30, 117

мя́со ［中］肉 121

Н н

на 《前》＋［前］～の表面に、［＋対］～へ 36, 125, 178

на́до ［述］しなければならない 172, 176

наза́д 後方へ、（時刻が）～前 203, 206

напи́санный ［受動分詞］、複 напи́саны＜написа́ть ［完］書かれている＜書く 213, 215

написа́ть ［完］/писа́ть, пишу́, пи́шешь （一般に）書く、描く 189, 198

напра́во ⇔ нале́во 左へ 右へ 191

настрое́ние ［中］気分、ムード 203, 207

находи́ться ⁿ, нахожу́сь, нахо́дишься ～にある、いる 135, 138

нача́ло 参考 нача́ть ［完］［中］初め、開始 178

нача́ть, 過 на́чал, начала́, на́чало ［完］/начина́ть （＋不完了体のみ）始める 164, 166

начина́ть/ ［完］нача́ть, начну́, начнёшь 始める 166, 208

начина́ться 始まる 164, 166

наш, - шего, - шему, - шего/наш, 具 - шим, 前 - шем 私達の 64, 68

не, не́ был/не́ было/не́ были の力点注意 （否定）～でない 24, 50

неде́ля, неде́ли, 具 неде́лей, 複 属 неде́ль ［女］週 45, 162 166, 174

нельзя́ ［述］～してはいけない、できない 45, 176

немно́жко/немно́го 少し 79, 123

необыча́йно ことのほか、特別に 203, 206

не́сколько いくつかの 156, 161

несмотря́ на то, что＋文 ～にもかかわらず 198, 202

нет （返事）いいえ 24, 53

нет ない、存在しない 66, 149

неуже́ли 本当ですか 45

никогда́(не) 決して～ない

две́сти со́рок пять **245**

単語索引

132, 187

никто́ не, никого́ не　誰も～ない　191, 195

никуда́ не　どこへも～ない　191, 195

ничего́ не　なにも～ない　182, 195

ничто́　なにも～(ない)　196, 197

но́вость, 属・与・前・複主 -сти, 対 -сть, 具 -стью　[女]　ニュース　178, 179

но́вый, но́вая, но́вое: 複 но́вые　新しい　64, 67, 77

нога́　[女]　足、脚　164, 166

норма́льный　正常である　142

носи́ть", ношу́, но́сишь ⇔ нести́, несу́　身につけている　203

ночь, но́чи, но́чи, ночь, но́чью, но́чи, 複属 ноче́й　[女]　夜　53, 85

нра́виться", нра́влюсь/ [完] по～ [+与]　気に入っている　114, 120

ну́жно　[述]　必要である　142, 143

ну́жный　必要な、必要である　121, 139, 196

О о

о (об – а, ы, у, э, о の前で) + [前]　～について　92, 97

обе́д　[男]　ディナー、昼食　82, 89

обе́дать/ [完] по～　昼食をとる、ディナーをとる　36, 51, 108

обеща́ть/ [完] по～　[与+不定詞/что 節]　～に～と約束する　195, 196

облиза́ть – лижу́, – ли́жешь　[完]　/ – ли́зывать　舐める　188

объясня́ть/ [完] объясни́ть"　説明する　58, 59, 79

обы́чно　[副]　ふつう、通常　57, 59

обы́чный　ふつうの、ありふれた　99

оди́н, 男与 одному́, 女 одна́, 対 одну́, 中 одно́, 複 одни́ 1. 一人　24, 158

о́зеро, 複 озёра, 属 озёр　[中]　湖　50, 51, 182

окно́, 複 о́кна, 属 о́кон　[中]　窓　82

о́коло 《前》+ [属]　～の周り　156

око́нчить"　[完]　/ока́нчивать　終了する、卒業する　213

октя́брь, – бря́　[男]　10月　156, 163

он, его́, ему́, его́, им, нём　彼、それ　28, 105

она́, её, ей, её, ей, ней　彼女、それ　24, 117

они́, их, им, их, и́ми, них　彼ら、それら　30, 117

оно́, его́, ему́, его́, им, нём　それ　30, 105

опа́здывать/ [完] опозда́ть, – да́ю, – да́ешь　遅刻する　213, 215

о́пера　[女]　オペラ　50, 51

опя́ть　またまた、再び　213, 215

осма́тривать/ [完] осмотре́ть"　見学する　198, 208

оста́ться, оста́нусь, оста́нешься　[完] / остава́ться　残る、

246　две́сти со́рок шесть

単語索引

［＋具］以前どおり〜である 172, 180
от《前》＋［属］（基点，出発点）〜から 146, 150
отвечáть／［完］отвéтить", отвéчу, отвéтишь 答える 142, 208
отдохнýть［完］／отдыхáть 休息する，保養する，休む，疲れをとる 208, 211
отéц, отцá, 具 отцóм, 複 отцы́, 属・対 отцóв［男］父親 53, 57
открывáться／［完］откры́ться, -рóюсь, -рóешься, 開く，開かれる 164, 165
откýда［疑］どこから 131, 134
óтчество［中］父称 65, 70
очки́［複］眼鏡 125, 130
оши́бка, 複 оши́бки, оши́бок［女］誤り，дéлать оши́бки 誤まる 58

П п

пальтó［中, 不変］コート 70, 72
пáпа, пáпы, пáпе, пáпу, пáпой, пáпе；複 пáпы, пап［男］パパ 33, 71
парк［男］公園 125, 129
пáспорт 複 -тá［男］パスポート 33, 39
пéрвый, -вая, -вое：-вые 一番目の 158
перевóдчик［男］通訳, 翻訳家 178, 180
пéред［＋具］・・・の前に 136, 138, 178

передавáть, -даю́／［完］передáть, -дам 放送する，伝える, 渡す 108, 154
пéсня, пéсни, пéсне, пéсню, пéсней, пéсне, 複 属 пéсень［女］歌 121, 123
петь, пою́, поёшь, 命 пой／［完］с～ 歌う 114, 119
пирóг, -á 188
писáтель, 複 писáтели, писáтелей［男］作家 53, 174
писáть пишý, пи́шешь／［完］написáть 書く 58, 88
письмó, 複 пи́сьма, пи́сем［中］手紙 36, 148
пить, пью, пьёшь 命 пей, 過 пил, пилá, пи́ло 飲む 108, 138
плóхо まずく，下手に 122
плохóй, -хáя, -хóе：-хи́е 悪い 135, 139
повторя́ть／［完］повтори́ть" 繰り返す，復習する 58, 59
повя́зка［女］包帯, マスク 203, 204
поги́б［過］→ поги́бнуть［完］／ги́бнуть 不慮の死を遂げる 83
погóда［女］天気 73, 110
подáрок, подáрка, подáрку［男］プレゼント 135, 139
подождáть, подождý, подождёшь［完］待つ 121, 123
подрýга［女］（女の）友達 78, 80
пóезд 複 -дá［男］列車 125, 156
поéхать, -éду, -éдешь［完］出かける，出発する 125, 194
пожáлуйста［-лыст-］（依頼,

двéсти сóрок семь 247

単語索引

授受） どうぞ：どういたしまして 33, 178

по́здний, по́зднего, по́зднему [-зн-] 遅い 146, 185

по́здно [-зн-] ⇔ ра́но 遅く 146, 185

познако́миться "[完]/знако́миться " ～と[с+具] 知り合う：135, 139

пойти́, пойду́, пойдёшь, 過 пошёл, пошла́ [完] 出発する 参考 идти́ 121, 123

пока́зывать/[完] показа́ть す, 表す 108, 110

покупа́ть/[完] купи́ть ", куплю́, ку́пишь 買う 114, 119

по́ле, поля́, 複 поля́, поле́й [中] 野原 82, 85

полови́на [女] 半分, 30分 164, 171

получи́ть "[完]/получа́ть 受け取る 203, 206

по́мнить " 覚えている 172, 177

помога́ть/[完] помо́чь, помогу́, помо́жешь [+与] 手伝う, 助力する 108, 110

помо́чь, помогу́, помо́жешь [完] [+与] 手伝う, 助力する 114, 119, 122

понима́ть/[完] поня́ть, пойму́, поймёшь 理解する 73, 78

популя́рный 人気のある 188, 190

по-ру́сски ロシア語で, ロシア風に 73, 78, 151

посеща́ться / 参考 [完] посети́ться " 訪問される 208, 216

посла́ть, пошлю́, пошлёшь [完] / посыла́ть （手紙などを）送る, 使わす 172

по́сле 《前》+[属] ～の後で 154, 198

по́сле того́ как＋文 ～する・したあと 198, 202

после́дний, -няя, -нее: -ние 最後の 64, 67

послеза́втра あさって 120, 121

посмотре́ть "[完]/смотре́ть ", смотрю́, смо́тришь 見る, 調べる 70, 95

посове́товать [完]/сове́товать, сове́тую 助言する, アドバイスする 121

посо́льство 参照 посо́л, посла́ 大使 [中] 大使館 42, 51

поступи́ть ", поступлю́ [完] / поступа́ть 入学する, 就職する 164, 166

пото́м (⇔ снача́ла 最初のうち, 初めは) [副] それから, あとで 42, 191

потому́ что なぜならば 70, 72

почему́ [疑] なぜ 70, 72

почему́-нибудь/-то なぜか 195, 196

по́чта [女] 郵便局 *《前》は на 45, 48

почти́ [副] ほとんど 53, 82

поэ́тому だから, そのため 178, 179

пра́вда [女] 事実, 真理 53, 172

пра́вило [中] 規則 58, 59

пра́здник [-зник] [男] 祝日 102, 107

пре́жде чем ～より先に 213, 214

прекра́сно ［述］すてきだ，最高だ，［副］非常に素晴らしく 50, 79, 99

прекра́сный 素晴らしい，最高の 64, 66

приве́т 挨拶 153, 154

пригласи́ть ᴴ, -глашу́, -гласи́шь ［完］/приглаша́ть 招待する，呼ぶ 131, 132

пригото́вить ᴴ ［完］/гото́вить ᴴ, гото́влю （無対象）料理する，（＋対象）準備する 92, 95

прие́хать, -е́ду, -е́дешь ［完］/-езжа́ть 到着する 121, 193

прийти́, приду́, придёшь ［完］/приходи́ть ᴴ （歩いて）到着する，くる，訪ねる 172, 175

принести́, -несу́, -несёшь 過 -нёс, -несла́ ［完］/-носи́ть ᴴ もって行く・来る，持参する 203, 206

приходи́ть ᴴ, -хожу́, -хо́дишь/ ［完］прийти́ （歩いて）到着する，来る 191, 193

прия́тно ［述］快適である，光栄である 27, 70

провести́, -веду́, -ведёшь ［完］/проводи́ть ᴴ （時を）すごす 203, 206

продава́ть/［完］-да́ть, -да́м, -да́шь, -да́ст 売る 102, 107, 208

пройти́ ［完］/проходи́ть ᴴ, -хожу́, -хо́дишь （ある所を通って）行く 191, 193

проси́ть ᴴ, -прошу́, -про́сишь/ ［完］по～ ～に［対］頼む 178, 179

про́сто まったく，単純に 79, 188

прочита́ть ［完］/чита́ть ［完］読み通す，読破する 92, 211

про́шлый, 男単前 про́шлом, 女単前про́шлой 過去の，過ぎ去った 125, 163

пря́мо まっすぐに 191

пти́ца ［女］鳥 125

путеше́ствовать, путеше́ствую, -вуешь ～を［по＋与］旅行する 135

путь, пути́, пути́, путь, путём, пути́, 複属 путе́й ［男］道，進路 114, 117

Р р

рабо́та ［女］仕事，営業 ※на は職場の意味 114, 194

рабо́тать 働く，働いている，機能する 42, 44

рабо́чий ［形容詞変化］肉体労働者，［形］実働の 73, 77

раз ［男］回 99, 161

разгова́ривать ［不完了のみ］ ～と［с～＋具］会話する 58, 59

ра́зный 様々な，異なる 178, 180

ра́нний 早い 185

ра́но ⇔ бы́стро （時期が）早く 57, 59

ра́ньше ［副］以前，昔 36, 45

ра́ньше ［比］→ра́нний 185

рассказа́ть, -скажу́, -ска́жешь ［完］/расска́зывать 物語る 108, 110

単語索引

расти́, расту́, расти́шь 過 рос, росла́, росло́／［完］ вы́～ 育つ, 成長する 142, 203, 204

ребёнок, ребёнка, ребёнку, ребёнка ［男］ 幼児, 子供※複数形 де́ти, ребя́та 121, 122

река́ ［女］川 142, 145

рестора́н ［男］（一流）レストラン 24, 178

речь, ре́чи, ре́чи, речь, ре́чью, ре́чи ［女］言葉 125, 130

реши́ть" ［完］／реша́ть 解決する 208, 214

роди́тели, роди́телей（複数のみ）両親 36, 179

рубль, рубля́, рублю́, рубль, 複属 рубле́й ［男］ルーブリ 156, 165

ру́сская ［女］ロシア人女性 36

ру́сский ロシアの,［男］ロシア人（男性）36, 72

ру́чка ［女］ボールペン 136, 138

ры́ба ［女］魚 142, 145

ры́нок, ры́нка ［男］市場 *《前》は на 156

ряд ［男］列 164

ря́дом …の／と［с＋具］傍に, 並んで 178, 181

C c

с《前》＋［具］ ～ともに 136,［属］（基点）～から 146, 150

сала́т ［男］サラダ 99

сам 自力で, 一人で 121

самолёт ［男］飛行機 125, 128

са́мый もっとも 182, 186

све́жий 新鮮な, 作りたての 213, 215

све́тлый 明るい 182

свобо́дный, -ная, -ное, -ные あいている, 自由な 64, 72

свой 自分の 64, 69

сде́лать ［完］／де́лать する, 作る 121, 198

сеа́нс ［男］上演 164

себя́ 属（主格なし）, себе́, себя́, собо́й, себе́ ［再帰人称代名詞］自分自身を 114, 117

се́вер ［男］北, 北国 *《前》は на 203, 206

сего́дня ［-вод-］［副］今日 45, 163

сейча́с ［副］いま 53, 143

секре́т ［男］秘密, 秘訣 79

секрета́рь, 属対 -таря́, -тарём ［男］秘書※女性も指す 57

семья́ 複 се́мьи, семе́й ［女］家族※単数扱い 156, 161

сестра́, 複 сёстры, 属対 сестёр ［女］姉, 妹, 姉妹 53, 160

сиде́ть", сижу́, сиди́шь, сиди́т 坐っている：сиде́ть до́ма 家にいる 42, 82

си́льный 強い 182

си́ний, -няя, -нее: -ние 紺色の, ダークブルーの 82, 85

скажи́те, пожа́луйста 恐れ入りますが, 教えてください 64, 196

сказа́ть, скажу́, ска́жешь ［完］／говори́ть" 言う 114, 116

сколько ［疑］どのくらい 146, 161

скорée (⇔ мéдленнее) ［比］より速い 182, 185

скóро ［比］скорée じきに 146, 182

слúшком あまりに，過度に 99, 100

словáрь, словаря́, 複 словари́, словарéй ［男］辞書 70, 71

слóво, слóва, 複 словá, слов, словáм ［中］単語，語 53, 174

слýшать/［完］по～ 聞く（→ слы́шать 聞こえる）57, 59

слы́шать ″, слы́шу, слы́шишь/［完］у～ 聞こえる 121, 122

смóжете ＜ смочь, смогý, смóжеш ［完］できる 178

смотрéть ″, смотрю́, смóтришь/［完］по～ 見る, 観察する 50, 51

сначáла 最初に，最初は 131, 132 →потóм

совéт ［男］助言, アドバイス 121

совéтовать, совéтую/［完］по～ ～に［＋与］忠告する, アドバイスする 132

совсéм не ～, совсéм не так 全然違う 全く～ない 92, 94

сок ［男］ジュース 156

сон, сна, снý, сон, сном, во снé ［男］睡眠, 夢 178, 180

спасúбо （挨拶）ありがとう 27, 50

спать ″, сплю, спишь, ... спим, спúте, спят 眠っている 73, 88

спорт ［男］スポーツ 131, 133

спросúть ″, спрошý ［完］/спрáшивать ［完］たずねる 108, 172, 176

срáзу すぐに, 同時に 142, 144

стадиóн ［男］スタジアム 172《前》は на

стакáн ［男］コップ 156, 161

стáнция ［前］на стáнции, 複 属 стáнций ［女］駅 《前》*は на 53

стáрость ［女］老人, 老年 172, 177

стáрый, 比 стáрший/стáрше 古い, 老齢の 89, 90

стать актрúсой ［完］女優になる 135

стать, стáну, стáнешь ［完］/становúться ″ ［＋具］なる 135, 138

стóить ″ 値段がする 156, 165

стол, столá ［男］テーブル, 机 45, 174

стóлик ［指小］＜ стол ［男］テーブル, レストランの席 178

столóвая, 複 столóвые ［女］（生協, 学食などの）食堂 42, 77

страдáть 悩む, 苦しむ, ～に［＋具］かかる 203, 204

стрáнный 妙な 135

стрóить ″, стрóю /［完］по～ 建設する 152, 208

студéнт ［男］（男子）学生 36, 138

単語索引

суббо́та, 対 суббо́ту ［女］土曜日 82, 86

сча́стье ［ɕːj］［中］幸せ 146, 150

сын, 複 сыновья́, 属対 сынове́й ［男］息子 33, 35

Т т

так それでは：このように，それほどまでに 70, 72

тако́й ［же］А, как ［и］Б Ｂと同じくらいＡな 172, 175

тако́й, така́я, 女属 тако́й, тако́е: таки́е そのような，(強調として) じつに 73, 90

такси́ ［中，不変］タクシー 121, 122

тала́нт ［男］才能 178, 180

там あそこに 24, 45

твой, твоя́, твоё: твой 君の 57, 64, 69

теа́тр ［男］劇場 45, 189

телефо́н ［男］電話，電話番号 114, 149

температу́ра ［女］熱，温度 142, 143

тепе́рь ［副］今 169, 203

тепло́ 暖かいです，［副］暖かく 99, 141

тёплый 暖かい 142, 143

ти́хий 静かな 185

ти́хо 静かに，ゆっくり 182, 185

ти́ше → ти́хий, ти́хо ［比］静かな，よりゆっくり 129, 182

то́же やはり，〜も，〜もまた 58, 71

То́кио ［男,不変］東京 73, 98

то́лько ただ，だけ 92, 140

то́лько что ［＋完］たったいま〜したばかり 92

тот, та, то: те その，あの ※先行詞・その強調の役目 36, 201, 205

то́чно 正確に 131

тре́тий, тре́тья, тре́тье: тре́тьи 三番目の 157

три ［数詞］3 36, 158

три́дцать 30 166

трина́дцатый 13番目の 158

трина́дцать 13 135, 158

три́ста 300 221

туда́ そこへ 125, 132

тури́ст ［男］観光客 208

тут ［副］ここに，この場所に 30

ты, тебя́, тебе́, тебя́, тобо́й, тебе́ 君 30, 117

тяжёлый 重い 182

У у

у《前》+［属］（近接）〜のそばに，（所有表現）64, 66

уви́деть " ［完］/ви́деть ", ви́жу, ви́дишь 見る 198

удо́бный 都合の良い，便利な，最適な 178, 190

уезжа́ть / ［完］уе́хать (乗り物で) 去る 191, 193, 195

уже́ ［副］すでに 50, 59

у́жин ［男］夕食 121

у́жинать/ ［完］по〜 夕食・夜食をとる 58, 59, 208

уйти́, уйду́, уйдёшь ［完］/уходи́ть " (徒歩で) 去る 191, 193

252 две́сти пятьдеся́т два

у́лица ［女］ 通り *《前》は на 92, 119

университе́т ［男］ （総合）大学 41, 166

уро́к ［男］ 授業, 教訓 *《前》は на 24, 178

успе́х ［男］ 成功 146, 150

у́тро ［中］ 朝 82, 86

у́тром 朝に, 午前中 58, 59

уходи́ть[н], ухожу́, ухо́дишь/［完］уйти́, уйду́, уйдёшь 立ち去る 182, 191

уча́ствовать, уча́ствую, уча́ствуешь ～に［в＋前］参加する 135

учи́тель, -ля 複 учителя́, 属 対 учителе́й ［男］ 教師, 師 53, 57, ［女］ учи́тельница

учи́ть[н], учу́, у́чишь 教える, 覚える 96, 208

учи́ться[н], учу́сь, у́чишься, ..., у́чатся 学んでいる身分である, ～を［＋与］学ぶ 92, 154, 214

Ф ф

фами́лия ［女］ 姓 65, 70

фильм:; смотре́ть[н] фильм 映画を見る ［男］ 映画 164, 165

X x

хлеб ［男］ パン 125, 128

ходи́ть[н], хожу́, хо́дишь, хо́дит → идти́ ［移動・不定］歩く, 通う 125, 127

хо́лодно ［述］ 寒い 92, 94

хоро́ший, -шая, -шее: -шие よい, 立派な, 素晴らしい 73, 139, 175

хорошо́ ［述］ 結構です, 了解, ［副］よく, 上手に 33, 139

хоте́ть, хочу́, хо́чешь, .., хоти́м, хоти́те, хотя́т ［＋不定詞/＋対］ ～がしたい/～がほしい 82, 87

хоте́ться, 3単現 хо́чется, 3単中過 хоте́лось ［＋不定詞］ ～したい気がする 172, 175

Ц ц

цена́, цены́, 対 це́ну, 複 це́ны, цен ［女］ 値段, 価格 121, 123

центр ［男］ 中心地, 都心 188, 189

Ч ч

час, 属 ча́са, 複 часы́, часо́в ［男］ 時間 156, 171

ча́сто たびたび, しばしば 58, 210

ча́шка, ча́шки, 複 属 ча́шек ［女］ カップ 156, 161

чей, чья, чьё, чьи ［疑］ 誰の 64, 69

челове́к, 複 лю́ди, люде́й, лю́дям ［男］ 人間, 男性 73, 75

чем ～よりも 182, 184

че́рез 《前》＋［対］ ～後に 164, 196

число́ ［中］ 数, 日付 156, 162, 203

чита́ть/［完］про～ 読書する, 読む 42, 211

две́сти пятьдеся́т три **253**

単語索引

что ［疑］何 36, ［接］〜ということを 53, 191
чтобы ［接］〜するために，〜するように 142, 144
что́-нибудь/ то ［不定代名詞］何か 191, 194
чу́вствовать, чу́вствую／［完］по~ 感ずる 136, 143

Ш ш

ша́пка ［女］帽子 136
шашлы́к, -ка́ ［男］シャシリク，串焼肉 121

Э э

экза́мен ［男］試験＊《前》は на 108, 109
эта́ж, -жа́, -жу́, эта́ж, -жо́м, -же́ 複 жи́, -же́й, ［男］階＊《前》は на 102

э́то これ，それ，あれ 24, 40
э́тот, э́та, э́то：э́ти，男 単 前 об э́том この 36, 148

Я я

я, меня́, мне, меня́, мной, (обо) мне 私 24, 105
явля́ться ［＋具］〜である 135, 138
язы́к, языка́ ［男］言語，舌 58, 78, 188
япо́нец, 属・対 япо́нца 対 япо́нца 具 япо́нцем, 複属・対 япо́нцев ［男］日本人（男性）24, 59
Япо́ния, 属与前 -нии, 対 -нию, 具 -нией ［女］日本 48, 203
япо́нка, 複属 япо́нок ［女］日本人女性 24

事項索引

[あ行]

一人称（複数）命令形 → 勧誘　150
移動動詞　127, 129
　　「行く」と「行った」　130
受身の表現　212
運動の動詞 → 移動動詞　127

[か行]

格変化
　　себя, кто, что, 形容詞　106, 117
　　男性名詞・女性名詞硬変化　97
　　人称代名詞　105, 107, 117
　　複数形　167, 174
過去形　40
活動体・不活動体 → 人・動物名詞
仮定法　174
関係代名詞
　　который　200
　　кто, что　201
関係副詞　где, когда　202
間接疑問文　49
勧誘　150
完了体現在形　105
義務　до́лжен　151
許可・禁止　мо́жноと нельзя́　47
具格　137, 212
敬称のвы　31, 41
形動詞 → 分詞　220
形容詞　66
　　тако́й　175
　　原級　175
　　最上級　186
　　短語尾形　138, 140
　　比較級　184
　　（形容詞の）名詞化　76
現在形 e 変化　55, и 変化　77
　　歯音変化　87
　　唇音変化型　люби́ть　120
　　дава́ть　107, 117
　　мочь　119
　　я, вы の現在形　48
　　есть　137
　　чу́вствовать と есть　137
硬音と軟音　20
語幹と語尾　21
語形成　接頭辞＋移動動詞　193
語順　49

[さ行]

三人称複数文　107
指示、強調　вот　33
-ся 動詞　96
出没母音　57, 160
所有形容詞　68

事項索引

所有表現　66
数詞
　　個数詞と順序数詞　158
　　名詞との結びつき方　160
性
　　名詞の性　38
生格 → 属格
正書法　22
前置詞格と場所の表現　47, 48, 105
造格 → 具格
属格
　　複数属格　159
　　名詞の属格　148
存在，所在　32, 66

[た行]

Да と Нет　26
体
　　体と時制　211
　　体のペア　211
　　動詞の体　95, 210
第一変化動詞（e変化動詞）55
対格
　　時・時間　86
　　人称代名詞　87
　　名詞・形容詞の対格　77
対照表 → 母音字の対照表　38
第二前置詞格　105
第二変化動詞（и変化動詞）77
代名詞
　　人称代名詞　31
　　э́тот, тот　40
　　весь　55
短語尾　138
断定文　25

動詞 → 現在形、未来形、過去形、体
時の表現
　　時刻・時間の表現　161
　　年月日　168

[な行]

二人称単数文　187

[は行]

否定代名詞・副詞　195
人・動物名詞と物・事名詞　84
非人称文 → 無人称文
病気の言い方　141
不活動体名詞 → 物・事名詞　84
複数形　56
不定詞［不定形］　40
不定代名詞　194
不定人称文 → 三人称複数文
普遍人称文 → 二人称単数文　187
平叙文 → 断定文　25
変化表　217～222
母音字の対照表　38

[ま行]

未来形　104
無人称文　94, 140, 176
命令形　116
物・事名詞　84

[や行]

与格　118, 119

中澤 英彦（なかざわ ひでひこ）

東京外国語大学名誉教授。群馬県生まれ。ロシア語学・スラヴ語学専攻。東京外国語大学大学院修士課程修了。ＮＨＫラジオロシア語講座講師（1986年〜1995年）、ロシア他で在外研究（1988年〜1989年）。著書に『はじめてのロシア語』(講談社)、『初めて学ぶロシア語』(語研)、『使える・話せる・ロシア語単語』(語研)、『ニューエクスプレスウクライナ語』(白水社)、『ロシア語 はじめの30日』(東洋書店)。編著に『プログレッシブ単語帳ロシア語』、『プログレッシブ ロシア語辞典』(小学館)、監修・執筆に『世界の文字と言葉入門 ロシアの文字と言葉』(小峰書店) などがある。

新版 一冊目のロシア語

定価はカバーに表示してあります。

2016年4月1日　新版第1刷発行Ⓒ

著　者	中　澤　英　彦	
発行者	揖　斐　　　憲	
発　行	東　洋　書　店　新　社	

〒150-0043
東京都渋谷区道玄坂1丁目19番11号
寿道玄坂ビル4階
　　　　　ＴＥＬ　03-6416-0170
　　　　　ＦＡＸ　03-3461-7141

　発　売　　垣内出版株式会社

〒158-0098
東京都世田谷区上用賀6丁目16番17号
　　　　　ＴＥＬ　03-3428-7623
　　　　　ＦＡＸ　03-3428-7625

印刷・製本　株式会社光陽メディア
装　　幀　　クリエイティブ・コンセプト

落丁、乱丁本はお取り替え致します。　　　　ISBN 978-4-7734-2002-9

東洋書店新社の好評関連書

現代ロシア語文法 [新版]
城田　俊著
A5・688頁・本体価格4,800円

- 初めてロシア語を学ぶ人を対象に、分かりやすく、しかも体系的に編集。
- 読解・作文・文法の基本的事項を網羅し、さらに熟読することで会話・通訳・翻訳能力の準備段階まで習得できる、情報量豊富な本格的実用参考書。

ロシア語文法便覧 [新版]
宇多文雄著
A5・484頁・本体価格4,200円

- 辞書のように使い込むうちに自然とロシア語の実力を高めることができる実用的文法書。音声学・音韻論から形態論、統語論までこの一冊にすべて収録。
- 本格的かつ実用的な文法書。

時事ロシア語 [新版]
加藤栄一著
A5・304頁・本体価格2,800円

- BBC等の実際のニュース報道を素材にして、最新の「時事ロシア語」を政治、経済から文化にいたるまで詳細に解説。
- 豊富な索引も付き、一冊で新聞、雑誌からネットまで「時事ロシア語」が分かる！

ロシア語使える文型80 CD付き [新版]
佐山豪太著
A5・192頁・本体価格2,800円

- 「初級を終えたけれど、その先が…」「読めるけれど、しゃべれない…」という人に。
- 単語とあわせて「文型」＝表現の型を覚えることで、言いたかったことが形になる！
- 実践的な会話のために、使える文型を80厳選し、用法が身につくよう例文を豊富に用意

ロシア語で読む星の王子さま CD付き [新版]
八島雅彦訳注
A5・176頁・本体価格2,800円

- サンテグジュペリの名作をロシア語で。楽しんでロシア語が身につく。
- 読解力をつけたい初級を終えた読者におすすめ。
- 耳でも楽しめる朗読CD付き。

一冊目の韓国語 CD付き [新版]
五十嵐孔一著
A5・328頁・本体価格2,800円

- 基礎固めから中級レベルまで。本当に身になる韓国語。
- 日本語話者のつまづきやすいポイントに配慮。学びなおしたい人にも最適。
- 圧倒的分量の練習問題で、「一皮剥けたい」学習者に！

一冊目のインドネシア語 CD付き [新版]
小笠原健二・V.R.クマラニングルム著
A5・180頁・本体価格2,400円

- 本書でインドネシア語の要点が学べる。
- 基本的な用例は生きた会話を重視した。
- これを読破すれば、かなり高度なインドネシア語の運用能力が身につく。

発売：垣内出版